Franziska Krattinger

MACHTWORTE
Was Worte machen können

W0085233

//////////////////////////////// SILBERSCHNUR ❧ VERLAG

Copyright © Verlag »Die Silberschnur« GmbH

ISBN 978-3-89845-232-8

1. Auflage 2008   3. Auflage 2010
2. Auflage 2008   4. Auflage 2014

Gestaltung & Satz: XPresentation, Boppard
Druck: Finidr, s.r.o. Cesky Tesin

Verlag »Die Silberschnur« GmbH
Steinstraße 1 · D-56593 Güllesheim

www.silberschnur.de · info@silberschnur.de

Inhalt

1. Kapitel

DIE GRUNDLAGEN

Eine kurze Einführung über
Licht und Schatten

Wenn im nachfolgenden Text von positiv und negativ oder von gut und schlecht gesprochen wird, so ist damit lediglich die Geisteshaltung beschrieben, die wir einnehmen. Die positive Haltung führt zurück zur Quelle (dies ist das Ziel jeder Seele – irgendwann dahin zu kommen), die negative Haltung führt uns weg vom eigentlichen Ziel. Wie in der Fotografie bezeichnen wir das positive Bild als belichtet, während das Negativ unbelichtet ist. Auf diese Art kann der wertfreie Betrachter etwas als positiv (mit Licht) oder als negativ (ohne Licht) benennen. Einer, der nach dem Licht strebt, ist zuversichtlich und heiter, der andere sieht seine Zukunft düster und verfällt mit der Zeit in eine depressive Leblosigkeit. Doch wie eine Situation beschrieben wird, ist immer relativ zum Geschehen – was in einem Kaufhaus beispielsweis als Gedränge gesehen wird, wird in einem Nachtclub Atmosphäre genannt. Oder: Einer der zu einer anderen Partei überwechselt, ist auf der einen Seite ein Verräter und auf der anderen Seite ein

Bekehrter. Alles ist also einfach nur eine Frage des Standpunktes, und die eine Seite bekämpft die andere Seite. Wenn wir das eine nicht mehr sind, sind wir das andere, bis wir unsere Mitte erreicht haben.

In diesem Buch begegnen Ihnen immer wieder Fragen. Nehmen Sie sich Zeit, um die Antworten darauf in Ihrem Innersten zu entdecken. Mir selbst haben diese immer weiter geholfen, und so könnte Ihnen dienen, was mir wertvolle Dienste geleistet hat.

Sprichwörtlich nehmen und entsprechend leben...

Für jede Situation das richtige Wort zur richtigen Zeit zu haben – das macht es möglich, wesentliche Veränderungen im Leben einzuleiten! Mit einem Wort lässt sich jede Situation verändern, je nach dem, welche Energie (geistige Haltung und Gefühl) mit diesem Wort in die gegebene Situation strömt. Worte sind das materielle Gewand des Geistes. **Worte dienen als Wegweiser zur Wirklichkeit!** Sie lassen uns einen Begriff von Realität erahnen und dienen unserer bildhaften Vorstellung. Ein Wort ist Kanal für einen be*stimm*ten Teil von geformter Energie im Spiel der ewigen Wirklichkeit. Wir benutzen Worte, um die gegenwärtige Wirklichkeit zu erklären und zu verändern, weil in jedem Moment Veränderung geschieht, und ein Wort genügt, um die Stimmung zu verändern. Wir fassen die Wirklichkeit in Worte, damit andere unsere Wirklichkeit begreifen können, doch ohne dass wir selbst die Wirklichkeit erleben, bleiben Worte bloß Worte. Wer sich an Worten festhält, wird die unbeschreibliche Wahrheit, die hinter dem Wort steht, nur erahnen, aber nie wirklich begreifen können. Worte sind solange Begriffe, bis wir die Wirklichkeit dahinter selbst erleben. Das Wort Apfel ist daher beispielsweise solange nur ein Wort, bis wir einen Apfel in der Hand gehalten und gegessen haben. Dabei ist jeder Apfel wieder anders, und so ist jede Siutation und jede Begegnung anders. Nichts ist wirklich gleich. Und wenn wir versuchen, das Gleiche wieder herzustellen, dann sind wir enttäuscht, weil dies schlichtweg unmöglich ist. Die Erkenntnis über einen Apfel beginnt jedoch bei seinem Ursprung bis zur Erfahrung der Vergänglichkeit. Die Menschen packen ihre Realität in Begriffe und archivieren Zustände mit Hilfe von Worten. Das Wort ist nie die Sache selbst, doch das Wort kann das Erleben der Sache aktivieren. In der materiellen Realität wirkt die formgebende Kraft des Wortes zielgerichtet im Sinne des schöpferischen Geistes, um sich im selbst geschaffenen Spiel der vergänglichen Realität zu erleben. Oft erschrecken die Menschen über das, was sie unbedacht äußern, doch seien Sie sich bewusst: Mit jedem Wort bringt man seine innere, momentan herrschende Geisteshaltung nach außen, selbst dann, wenn man versucht, mit Worten abzulenken. Man verliert sich so beispielsweise in wortreichen Erklärungen über das, was man nicht will, anstatt klar zu formulieren, was man will. Überlegen Sie sich: Welcher Seite in uns geben wir die Macht – der positiven oder der negativen, oder streben wir letztendlich danach, weder noch zu sein? In jedem Moment liegt die Wahl der Neubestimmung und Neuausrichtung. Im Jetzt liegt die Veränderung und die Möglichkeit, in die ursprüngliche Mitte zurückzugelangen.

Je stärker die negative Haltung eines Menschen ist, umso unbedachter sind meist seine Äußerungen, und jedes Wort dient dazu, der Klage zum Ausdruck zu verhelfen. Wir klagen an und jammern weiter, weil wir andere für unsere Misere schuldig sprechen. Wie oft hört man: »Du kannst dir deine Ausführungen sparen, ich sehe dir an, was du denkst!« Egal, ob man sein Inneres in Worte kleidet oder demonstrativ schweigt, man bringt seine Haltung sprichwörtlich immer auch körperlich zum Ausdruck. Jede Geste spricht aus, was man mit Schweigen zu kontrollieren versucht. So lässt sich das Innere im Äußeren ablesen, und der Mensch ist wie ein offenes Buch. »Wer Ohren hat zu hören, der höre! Wer Augen hat zu sehen, der sehe.« Jedes Wort ist wie ein Wasserhahn, den man öffnet, und es strömt Energie heraus, oder aber man stoppt bzw. reguliert bewusst den Fluss mit einem gezielten Wort. Ein Wort genügt, um alles in die richtige Bahn zu lenken.

Irgendwann werden wir die Ebene erreichen, die ohne Worte auskommt. Doch der Weg in die unbeschreibliche Ewigkeit führt über die Ebene der Worte, also der geistigen Formen, die sich im materiellen Sein offenbaren. Die 144 Machtworte sind die Schlüssel, die die Türen zum ewigen Sein zu öffnen vermögen. Daher ist das, was jeder damit erlebt, einzigartig, denn der Weg führt immer über das eigene »Selbst-Verständnis«. Schaltworte vermögen das unlogische Verhalten, das immer dann auftritt, wenn das Gefühl die Herrschaft übernimmt, im Sinne des Lebensziels der Seele neu auszurichten.

Es gibt 144 Macht- oder Schaltworte (12x12), die in jeder Sprache angewendet werden können. Schaltworte erteilen dem Unterbewusstsein den Befehl, die bereits im Wesen verankerte, theoretische Lösung gemäß dem Lebensplan der Seele zu verwirklichen. Die Schaltworte haben immer das Ziel der positiven Veränderung, weil sie die tief verankerte, ursprüngliche Geisteshaltung im Sinne der Lebens-lösung aktivieren! Die Schaltworte verlangen kein Denken, ja zuweilen ist das zu viel Denken sogar ein wesentliches Hindernis. Ist positives Denken nicht mehr möglich, weil man zu sehr in den Problemen gefangen ist und weil man vom Leid überwältigt wird, so könnte ein Schaltwort zudem den Anfang der Heilung auslösen.

Schaltworte helfen uns, damit wir uns durch wortreiche Erklärungen nicht noch mehr in unseren Irrtümern verstricken und damit wir nicht mehr lang und breit erklären, was möglich und nicht möglich ist. Die Theorie entlarvt die Praxis! Zwanghaftes Positiv-Denken wird mit Sicherheit kein positiv ausgerichtetes Handeln bringen. Die »Selbst-Erkenntnis« ist die weise Kraft in uns, die uns hilft, auf Dauer frei und glücklich zu werden – und es zu sein. In schwierigen Situationen kommen wir kaum auf »leichte« Gedanken; im Leid fehlen uns die Gedanken der Freude, weil die Trauer die Oberhand hat. Doch in solchen Situationen stellt sich die Frage: Wem überlassen wir die Führung, dem kleinen Ego oder dem großen Ich? In einem negativen Augenblick scheinen die guten Worte wie weggeblasen, und das Gute ist in Vergessenheit geraten. Die an die Oberfläche getretenen Schimpfwörter verschaffen dem Ego kurzzeitig Erleichterung, aber in Wahrheit verschlimmern sie nur den unharmonischen Zustand und verlängern die Misere.

Schaltworte sind die Schlüssel (Codes) zur Lösung und Befreiung der sich selbst auferlegten Zwänge durch die negativen Denkweisen, die wir über die Zeit gelernt und verfestigt haben. Negative Haltungen verhärten das Wesen, positive Einstellungen aber geben der Sanftheit und der Liebe Raum zur Manifestation. Um die Schaltworte erfolgreich anwenden zu können ist allerdings kein positives Denken nötig, denn die Schaltworte sind die Schlüssel, die den Zugang zum positiven Teil in uns wieder öffnen. Indem wir Schaltworte einsetzen, geben wir unserem WOLLEN für wahre und echte Befreiung Raum und Macht. Wie könnte ein besseres Leben aussehen?

Sind Menschen in ihren alltäglichen Zwängen bereits so verstrickt und gefangen, dass es ihnen einfach nicht möglich ist, noch einen positiven Gedanken zu fassen, dann ist der Einsatz von Schaltworten der Anfang für ein besseres Leben. Vielleicht kennen Sie den Satz: »Sprich nur ein Wort, und schon ist deine Seele gesund!« Die Seele will frei von der Knechtschaft negativer Gedanken und Haltungen werden. Dafür sind wir alle hier, um die verinnerlichten Muster der Fremdbestimmung zu erkennen und um unsere eigene Macht wieder zu entdecken und zu erleben. Jeder Mensch will sich aus dem angeborenen Lebensmuster befreien, um wahrlich frei zu sein von den zwanghaften Vorstellungen und Beurteilungen. Das Leben geht weiter, aber wie und in welcher Form, darüber entscheidet die Macht UNSERES Geistes. Wir tragen für alles die Lösung bereits in uns, doch unser Verstand mit seinen zwanghaften Vorstellungen steht uns oft im Weg, um wirklich und wahrhaftig unser Leben umstellen zu können. Unser Verstand kämpft mit dem Gefühl, damit er in den Entscheidungen die Oberhand behält, und das Gefühl, das die Botschaft unserer Seele trägt, wird zerredet mit »ja, schon, aber...«.

Wir sind besetzt durch viele Theorien, Halbwissen und Vermutungen und geprägt durch unsere Erlebnisse, so dass wir geneigt sind, uns immer mehr und mehr in den Bewertungen zu verlieren, anstatt uns wirklich mit dem Entstehen von Situationen zu befassen. Der Alltagsstress ist ein Produkt unserer eigenen Gedankengeschöpfe und basiert auf der falschen Suche nach Bestätigung. Wir sind verfolgt von dem, was wir tun sollten, aber nicht schaffen, und von dem, was wir *nicht wollen*, aber ständig haben. Leider neigen wir Menschen dazu, uns mit dem Mangel abzufinden, wenn unser Verstand einen vernünftigen Grund für den Mangel gefunden hat. Ja, es ist sogar so verheerend, dass sich die meisten Menschen mit dem Schmerz und dem Problem verbinden, um so im Schlechten weiter verbündet zu sein. Doch das Negative raubt uns unsere Kraft, während uns das Positive augenblicklich belebt.

Fragen Sie sich daher: Mit wem und mit was verbünden Sie sich tagtäglich? Wir haben die Wahl, auf welche Seite wir uns begeben wollen. Ein Beispiel: Unzählige Menschen haben ihre Kindheit als schwierig erlebt, und sie waren gezwungen, zu kämpfen und sich zu behaupten. Die Mitwelt wurde so zur tagtäglichen Herausforderung, um sich seinen eigenen Lebensraum zu erobern und sich im Lebenswettbewerb durchzusetzen. Die Macht des körperlich Stärkeren wurde dadurch häufig demonstriert, und man versuchte durch Einschüchterung und Drohungen das Kind auf den rechten Pfad zu führen. Nicht Liebe war also die Grundlage für das, was weitergegeben wurde, sondern die Angst des Versagens und das Gefühl der Minderwertigkeit. Dieser Widersinn war tagtäglich erlebte Realität. Das Erleben der Kindheit wird dann zum übergestülpten Programm, weil selten auf die persönliche Eigenart eingegangen wird. Doch jemand, der sich selbst nie kennen gelernt hat, kann auch nicht wirklich einen anderen in seiner ganz eigenen Art erkennen und diesen persönlich fördern. Meist werden die schlechten Erfahrungen so stark im Inneren verankert, dass man ständig in einer Art von Befürchtung lebt.

Als Kind ist man diesem Spiel der Erwachsenen-Mitwelt ausgeliefert. Nun im Erwachsenenalter geht dieser Kampf solange weiter, bis der Mensch einsichtig wird und die Gründe für das äußere Sein im Inneren erforscht: »Bin ich derjenige, der so denkt, oder denke ich die Gedanken meines Vaters und die meiner Mutter?« Das wäre eine gute Frage, um zu sich selbst zu finden. Denn bleiben wir in der Vorstellung der erlebten Ohnmacht, liegen die Möglichkeiten der eigenen Macht offensichtlich brach.

Es geht im Wesentlichen darum, **die eigene Macht der Gegenwart zu erkennen und zu begreifen.** Nur im Jetzt ist wahre und wirkliche Veränderung möglich. Hängen wir mit unseren Gedanken und Vorstellungen in der Vergangenheit, indem wir diese mit wiederholten Erzählungen immer wieder wiederbeleben, oder aber schweifen wir mit unseren Vorstellungen in die Zukunft der unwirksamen Träume, die immer mit »was wäre, wenn...« und mit »später mache ich dann...« beginnen, so bleiben die Hindernisse und alltäglichen Schwierigkeiten unüberwindbar. Das Abtriften in die Vergangenheit oder aber in die schwärmerischen Vorstellungen einer zukünftigen Welt schwächt und lähmt die Kraft der Gegenwart. Die Wartezeit auf das Glück füllen wir mit *Unter*haltungsprogrammen aus und lenken uns mit Dingen ab, damit wir bloß nicht denken müssen. Wir stürzen uns in die Arbeit, damit wir später leben können. Wie paradox dies ist, merken Sie, wenn Sie erwacht sind. Anstatt traurig über diesen Umstand zu sein, werden Sie sich freuen, weil Sie den Wahnsinn endlich aufgedeckt haben.

Warum ist die Realität so, wie sie ist? Jeder Mensch ist einzigartig, und so hat jeder Mensch sein eigenes Muster. Dieses Muster gilt es zu erkennen, zu begreifen, zu entschlüsseln, um sich letztendlich aus den Zwängen und Verstrickungen des persönlichen Musters zu befreien. Der einzige Weg dies zu erkennen, liegt in der Selbstbeobachtung. Wird man zum Zuschauer im eigenen Lebenstheater, so gelingt es uns, die objektiven Zusammenhänge unserer eigenen Macht / Ohnmacht in ihrer ganzen Wirkung zu erkennen. Selbsterkenntnis ist der Schlüssel zur persönlichen Freiheit. Gelingt dies aber nicht, so bleibt der Mensch gefangen, und er leidet unter seinem Programm, das ihn beherrscht und zwingt, aber das ihn nie die wahre und wirkliche Freiheit erleben lässt. Dieses Muster ist eine grundsätzlich verankerte Negativ-Sucht. Man ist besetzt und bestimmt vom Leidensdruck. Jeder, der nicht leiden will, zieht – gemäß dem Gesetz der Resonanz – immer mehr Leidensgeschichten an. Ein Alkoholiker trinkt mehr, als ihm gut tut, obwohl er gleichzeitig weiß, dass ihm später übel sein wird, dass er unter Kopfschmerzen leiden, dass seine Leber verhärten und dass er das, was er liebt, aus seinem Leben vertreiben wird. Obwohl ihm dies klar ist, kann er dennoch nicht davon lassen. Erst das wirkliche Wollen sich selbst zuliebe wird den Anfang der Befreiung einleiten. Nur das persönliche »Bewusst-sein« und die dadurch gewonnene Bewusstheit über die selbst geschaffene Realität kann aus der Sucht befreien.

Wir haben also die Wahl: Die eigene Geisteshaltung macht uns entweder zum Sklaven oder aber zum wahren Meister der eigenen Realität. Die objektive und wertfreie Betrachtung der Lebensabläufe macht die Mechanismen des Lebensmusters erkennbar. Dieses grundsätzliche Muster bestimmt im Wesentlichen das persönliche, alltägliche Erleben und kreiert das weitere Lebensschicksal. – Welche Mächte sind also wirklich am Werk? Jeder Mensch ist durch sein persönliches Denk- und Gefühlsmuster einzigartig. Doch gemäß dem Gesetz der Anziehung und der Resonanz wird er immer Menschen mit einem ähnlichen Muster anziehen. So bewirkt das gleiche Muster auf der einen Seite Sympathie, aber auf der anderen Seite bewirkt es eine Verdoppelung des unerwünschten Zustandes. Der unbewusste Mensch regt sich über das auf, was ihm am anderen nicht gefällt, und er erkennt nicht, dass seine negative Haltung eine Aufforderung zur persönlichen Klärung mit sich selbst verlangt. In Wahrheit ist jeder von uns auf der Suche nach sich selbst. Was wir in uns nicht erkennen wollen und vielleicht auch nicht können, das erkennen wir tagtäglich in unseren Mitmenschen. Das Misstrauen beispielsweise ist ein sicheres Zeichen, dass man nicht in seiner bestimmenden Mitte ist, sondern dass man sich voll und ganz in der Art eines anderen Menschen verloren hat, indem man einem fremden Bild zu entsprechen versucht. Solange die Menschen ihre Macht ans Außen abgegeben haben, werden sie von der Mitwelt bestimmt und gesteuert.

Doch die Macht ruht in jedem von uns, und sie wartet darauf, von uns entdeckt zu werden, damit wir sie zur persönlichen Befreiung einsetzen. Wir sind hier in dieser

Welt, damit wir den Schöpfungsprozess begreifen und unsere selbst gewählte Rolle darin erkennen. Eigentlich geht es nur darum, dass wir negative Situationen und Haltungen ins Positive umwandeln. Das persönliche Muster setzt sich aus Gedanken, Emotionen, Gefühlen, Wissen und Einstellungen zusammen, es wächst mit der Zeit in seiner Komplexität sogar noch, wenn der Mensch nicht beginnt, sich innerlich zu klären und sich vom unnötigen Ballast der äußeren Beeinflussungen zu befreien. Doch keine Angst: In jedem Menschen ist der Schlüssel zur Lösung bereits enthalten.

Das Unterbewusstsein kennt die Lösung. Das Bewusstsein eines Menschen setzt sich aus dem Tagesbewusstsein, dem Über- und dem Unterbewusstsein zusammen. Das Tagesbewusstsein ist der Chef, der »die Sache« befehligt, der also den Impuls zur Tat gibt. Das Unterbewusstsein ist der Betrieb, in dem für jede Angelegenheit ein gelehrter, gebildeter Experte vorhanden ist. Das Unterbewusstsein ist also wie ein Team von Fachleuten, das sein Wissen und Können zusteuert und so wesentlich zum Gelingen eines Vorhabens beiträgt. Das Überbewusstsein ist die übergeordnete Weisheit des Menschen, die die Zusammenhänge im Großen und Ganzen begreift, sich so immer den Überblick verschafft und somit nicht im alltäglichen Geschehen »den Kopf verliert«.

Gedanke und Realität – oder anders gesagt: »Lebe deinen Traum!«

Zur kurzen Rückerinnerung:

Der Gedanke bestimmt die Struktur, oder anders gesagt: Die Struktur der materiellen Form und Realität wird durch den bewussten, aber auch durch den unbewussten Gedanken bestimmt und erhalten. »Ich denke, und so bin ich!« Das Gefühl / die Emotion bestimmt die molekulare Manifestation von Materie. Damit eine Form und eine sichtbare Realität entstehen können, ist das Zusammenwirken von Gedanke (männlich) und Gefühl (weiblich) nötig. Das Gefühl ist die Substanz, die dem Gedanken erlaubt, zu überleben und weiter zu wachsen. Es ist sozusagen die »Gebärmutter«, in dessen Struktur der Gedanke bis zur tatsächlichen Realität heranwachsen kann. Und so können wir unterscheiden zwischen objektiver Realität und subjektiver Realität: In der subjektiven Betrachtung schließen wir unsere vergangenen Erfahrungen mit ein, und damit ist unsere Wahrnehmung im täglichen Geschehen sehr individuell. Die objektive Betrachtungsweise erlaubt es uns, eine Situation oder einen Zustand emotionsfrei und nur als jetzige Realität zu betrachten, die sich durch die gegenwärtige Einwirkung so oder so fortsetzt. – Es ist, wie es ist. Doch nichts bleibt, wie es ist, da alles einer dauernden Veränderung unterworfen ist.

Das Leben, unsere Realität ist ein stetes Spiel von Aktion und »Re-Aktion«, und in jedem Moment findet eine Interaktion statt, die uns in Bewegung hält, ob wir wollen oder nicht. Wir BEWEGEN uns auf den wesentlichen Kern zu, oder aber wir distanzieren uns davon.

Der bewusste Mensch nutzt das Ruder des bewussten Denkens, um zu einem bestimmten Ziel zu kommen. Sein Gefühl lenkt ihn in jedem Moment, und so »weiß« das Unterbewusstsein, wie die logische Abfolge der Schritte sein muss, um sicher am gesetzten Ziel anzukommen. Die rein gedankliche, emotionsfreie, gefühlsfreie Bestimmung ist jedoch ohne Wirkung, denn nur durch das Gefühl beginnt der Gedanke zu leben. Achten Sie daher immer auf IHR GEFÜHL, denn nur das zeigt, was Ihr Gedanke wert ist. Wohin wollen Sie? Wovon haben Sie schon als Kind geträumt? Haben Sie alle Ihre Träume begraben, weil Ihre Mitwelt Sie nicht zu unterstützen scheint? Gleicht Ihr Leben mehr einem Alptraum? Wagen Sie es überhaupt noch, Träume zu haben? Beginnen Sie heute, indem Sie Ihre eigene Macht begreifen, und wachen Sie auf! Malen Sie sich in Gedanken Ihr Leben so aus, wie Sie es in Wirklichkeit haben wollen. Am besten gelingt Ihnen dies, wenn Sie Ihre Gedanken aufschreiben und Sie diese später beim Lesen mit Ihrem Gefühl ausmalen. Wenn Ihre wunderbare Vorstellung ausgereift ist, beginnen Sie in Selbstgesprächen von Ihren Träumen zu sprechen. Teilen Sie dem Universum bzw. dem Leben mit, von was Sie träumen. Versetzen Sie sich in Stimmung, indem Sie nur positive Gefühle zulassen und indem Sie die negativen Gefühle durch Umdenken verändern. Jeglichen Zweifel, der sich einschleichen will, können Sie mit dem Schalter MEI-STERN, ÄNDERN, GLAUBEN usw. besiegen.

Werden Sie Herr über Ihr Glück. Die Schmiede Ihres Glücks befindet sich in Ihrem Herzen! BESIEGEN Sie Ihre Ängste, und lösen Sie diese mit BLUFF auf! Erheben Sie sich zum König Ihres Königreichs. Befreien Sie sich aus der Knechtschaft negativer Gedanken und Vorstellungen. Reden Sie vom Frieden in der Welt, und lassen Sie die Worte Krieg und Zerstörung fallen. Wir alle sind am Weltgeschehen beteiligt, denn mit unseren Gedanken beeinflussen wir diese Welt positiv oder aber auch negativ, indem wir mit Angst und Schrecken die hässlichen Ereignisse weiter nähren und stärken. Entscheiden Sie sich ab jetzt für das Wohl unserer Welt. Betonen Sie jeden Tag: »Ich SCHÄTZE die Reinheit der Luft; ich SCHÄTZE das Dasein der Regenwälder; ich SCHÄTZE die Delfinwesen; GESEGNET ist die Würde allen Lebens« usw. »Sehen Sie«, wie die Meere wieder im ökologischen Gleichgewicht sind. »Sehen Sie«, wie die Natur wieder regeneriert und aufblüht. »Sehen Sie«, wie die Menschen in Achtung und Frieden das Leben miteinander teilen und genießen. Diese Visionen scheinen utopisch, doch wenn wir gemeinsam an dieser Vision arbeiten, wird sie zur Realität werden müssen. Ein positiver Gedanke ist 100x stärker als ein negativer, weil er näher an der Lebensquelle (Energiezentrum / Zentralsonne) angesiedelt ist. Je weiter weg ein Gedanke vom Licht ist, umso schwächer ist seine Auswirkung – und wir können wirklich von Glück sagen, dass dies so ist. Denn würden sich die negativen Gedanken sofort verwirklichen, würde es die Menschheit nicht mehr geben. Das Negative kann aber dennoch über die Dauer der Wiederholungen anwachsen und sich irgendwann in einer Katastrophe verwirklichen, wenn wir nicht auf die negativen An- und Vorzeichen achten. Positive Worte haben nur eine Macht, wenn wir in der Tat das Positive umsetzen. Das Licht besiegt dann die Dunkelheit.

Sich nicht von der Mentalität der allgemeinen Masse beeinflussen zu lassen, ist wirklich eine Aufgabe, die nur mit großer Selbstdisziplin zu meistern ist. Wir sind, was wir denken, und dementsprechend ziehen wir Dinge in unser Leben und verstärken diese mit unserer Gedankenenergie. Selbst gedankenlos, übernehmen viele, was ihnen andere vordenken. Ein bewusster Mensch aber denkt selbst, weil er um die Konsequenzen der Gedankenkraft weiß, denn er lebt im Wissen dieser Lebensweisheit, und er ist dennoch offen für das Geistesgut seiner Mitmenschen. Das Resultat lässt sich nachprüfen, wenn man ehrlicherweise sein Gedankengut überprüft und positiv ausrichtet. Unbewusste Menschen übernehmen meist wahllos und unkontrolliert die Ängste und Befürchtungen, die ihnen durch die Nachrichten oder durch wichtig scheinende Menschen übermittelt werden. Wie kann sich aber das Gute entwickeln, wenn man sich vom Schlechten ernährt? Jeder Gedanke zählt! Die Falle dabei ist: Selbst wenn wir über unsere Vorhaben positiv denken, so lassen wir uns doch im Alltag häufig allzu schnell wieder zu schlechtem Tun hinreißen. Wir regen uns über die Ausfischung der Meere auf und verurteilen die Japaner für ihr Delfin- und Waltöten, aber im gleichen Moment essen wir selbst Fleisch und Fisch und sind nicht bereit, darauf zu verzichten. Anstatt die Dinge in dieser Welt zu verurteilen, sollten wir unsere Gedanken auf das Wohlbefinden ausrichten. Anstatt Krieg zu fürchten, sollten wir mit unseren Gedanken den Frieden stärken und uns unbeirrt auf die Vision konzentrieren, in der alle Menschen friedlich miteinander leben.

Denken Sie auch daran: Ein positiver Gedanke ist immer begleitet von einem positiven, starken Gefühl. Wir sollten die negativen Dinge nicht ablehnen, denn so verstärken wir diese nur, sondern wir sollten darauf achten, diese nicht mehr mit unserer gedanklichen und emotionalen Energie zu ernähren. Reden wir also besser sachlich über die negativen Abläufe, um dann mit der positiven Kraft eine Veränderung zum Besten einzuleiten. Die täglichen Nachrichten sind jedoch eine schlechte Nahrung für ein gutes Leben. Es ist wirklich eine positive Gesamtausrichtung nötig, um sich durch die Nachrichten nicht wieder in die Negativität hineinziehen zu lassen. Doch da ein positiver Gedanke – wie schon gesagt – 100-mal stärker ist als ein negativer, kann schon eine kleine Gruppe positiv denkender Menschen ein Umdenken in der Gesellschaft bewirken. Letztendlich ist es das Ziel aller, ins Licht zu kommen!

In den letzten 20 Jahren ist die Gewaltbereitschaft unter den Jugendlichen sowie die Fälle sexueller Gewalt, Ausbeutung und Missbrauch wie auch die Kriminalität in der Gesellschaft stark angestiegen. Warum wohl? Drohungen und Angst erzeugen weitere Situationen, in denen genau diese Energien verwirklicht werden. In den Medien werden negative Ereignisse und Unfälle durch das menschliche Fehlverhalten sehr stark aufgebauscht, indem man tagelang über die schlechten Taten in allen Einzelheiten berichtet, so dass sich jeder gedanklich richtig hineinversetzen kann. Die schlechten Nachrichten kommen an und werden aufgesogen, obwohl es niemanden wirklich gut schlafen lässt und obwohl keiner in eine solche Misere kommen möchte. Immer mehr Menschen aktivieren so aber neue Ängste und malen sich die befürchteten Horrorvisionen durch wortreiche Darstellungen aus. Es scheint sogar so, als würden die Gewaltmeldungen die Menschen abstumpfen, so dass keiner mehr wagt, sich für das Gute einzusetzen, und dadurch wird das Schlechte natürlich und selbstverständlich. Die Schlagzeilen über verübte Gräueltaten sind nicht zu übersehen, und als würde das reelle Leben noch nicht genügen, werden zusätzlich grausame Filme zur Unterhaltung produziert, in denen die zerstörerische Realität sogar noch übertroffen wird. In Trickfilmen, die man bereits kleinen Kindern zeigt, ist Schlagen und Kämpfen als lustiges Spiel dargestellt. Warum wundern wir uns daher, wenn Kinder das nachleben, was ihnen vorgespielt wird? Können sie, können wir überhaupt noch unterscheiden, was Spiel und was bitterer Ernst ist? Es scheint, als wären wir Menschen süchtig nach Negativität, denn ansonsten würden wir diese nicht auch noch in Horrorfilmen und mörderischen Computer-Spielen für unsere Unterhaltung suchen. Gewalt scheint normal zu sein, und trotzdem wundern wir uns, wenn Kinder ausprobieren, was ihnen alltäglich als geistige Nahrung durch die Medien serviert wird. Auch die Horrorvisionen über die so genannte Klimakatastrophe führen nicht gerade dazu, dass die Welt wieder in Balance kommt. Jeder malt sich aus, wo das enden wird, doch keiner beginnt wirklich etwas zu verändern. Wären wir uns der Krise wirklich bewusst, so würden wir JETZT gewisse Verhaltensweisen ändern. Dem gegenüber werden die guten Nachrichten nur am Rande erwähnt und sind sehr schnell wieder verblasst. Man erkennt dies auch oft daran, dass bei einem Mensch, der für seine Leistungen gelobt und ausgezeichnet wurde, plötzlich nur noch dessen Schwäche zählt, wenn eine solche aufgedeckt werden kann. Nun ist der Gute doch noch schwach geworden.

Unterdrückte Negativität führt dazu, dass man in negative Ereignisse (Krieg, Katastrophen, Krankheit usw.) hineingezogen wird, obwohl man am eigentlichen Geschehen unschuldig ist! Werden Sie stattdessen lieber zu einem Magneten von positiver Energie, indem Sie sich ab jetzt immer mehr von positiven bereichernden Nachrichten ernähren, und Sie können sich dann wirklich darauf freuen, was alles auf Sie zukommen wird. Seien Sie sich das Beste wert, und seien Sie sich selbst Ihr bester Freund. Nicht durch Leiden erreicht man den Himmel, sondern durch Lieben. Die Selbst-Liebe ist der Anfang aller wahren Liebe.

Ein gutes Beispiel für tagtägliches schlechtes Denken ist das Schimpfen und Urteilen über das Wetter. Es scheint oft so, als hätten sich die Menschen nicht mehr zu sagen, als sich dauernd über das Wetter zu beklagen. Scheint z. B. die Sonne, so genießen viele diesen Tag nicht wirklich, weil sie bereits gehört haben, dass es »morgen wieder regnen soll!« Die innere, grundsätzlich negative Haltung dringt in jedem Moment – unbedacht – immer wieder durch. Durch die Schimpftiraden über das Wetter geben wir kollektiv so viel negative Energie in die Atmosphäre, dass sich diese angesammelte Negativität mit der Zeit in heftigen Wetterkapriolen wieder entladen muss. Wir sind also alle Mitschöpfer der Atmosphäre und werden somit auch zum Opfer unserer negativen Energie. Beginnen wir stattdessen aber, das Wetter zu SCHÄTZEN sowie zu SEGNEN, und beDANKEn wir uns für die Gaben der Natur und des Himmels, dann werden wir ganz andere Resultate erzielen.

Doch selbst schlechtes Wetter bietet besondere Chancen: die Möglichkeit zur inneren Besinnung, diese Zeit, in der man wenig Ablenkung draußen finden kann, könnte zum Erkennen der inneren Werte genutzt werden. Dies ist jedoch nicht wirklich vom Wetter abhängig, sondern jederzeit möglich: Schwache Menschen sind von äußeren Umständen abhängig, starke Menschen wissen jeden Moment zu nutzen. Erkennen Sie die Gunst der Stunde – JETZT! Was immer geschieht, es liegt an uns, darin unser Glück oder Unglück zu sehen. Bestimmen Sie, dass alles so ist, wie Sie es mögen, und freunden Sie sich so mit den mühsamen Umständen an. Das ist der Anfang der wahren Befreiung.

Beginnen Sie auch heute damit, für Ihre Nahrung zu danken, und SEGNEN Sie Ihr Essen, bevor Sie dieses zu sich nehmen. Ehren und achten Sie das Leben. SCHÄTZEN Sie das gute und reichhaltige Essen! SCHÄTZEN Sie die eigenen Erkenntnisse, aber unterschätzen Sie Ihre eigene Macht im Spiel des Lebens nicht weiter.

Sie / du – ein
grundsätzliches Lebensgefühl

Grundsätzlich ist in dieser Welt scheinbar alles negativ, doch das Negative hilft uns, wirklich nach dem Positiven, also nach Erlösung zu streben. Das Negative ist die Aufforderung, sich dem Wesentlichen zuzuwenden, darin liegt das wahre und ewige Glück. Selbst die positiven Ereignisse werden zu Stress, wenn wir gefordert sind, diese im Sinne der Mitwelt immer wieder neu zu erschaffen und uns immer durch gute Taten erneut beweisen zu müssen. Das Positive ist anstrengend, solange wir für die anderen positiv sein wollen oder glauben, positiv sein zu müssen, damit wir von ihnen geliebt und akzeptiert werden. Die Emotion hält nicht lange an und kann sehr schnell ins Gegenteil wechseln. Alles, was wir von außen empfangen, vergeht wie das Licht einer Kerze, das bereits bei leichtem Wind erlischt. Wir können in einem Moment Freude erleben, und bereits im nächsten spüren wir Frust und Ablehnung, und die gerade noch erlebte gute Emotion schafft es nicht, die nachfolgende negative Empfindung zu überstrahlen. Im dem Moment, in dem wir ein Geschenk überreicht bekommen, sind wir glücklich und zufrieden, doch im nächsten Moment kann dieses Glücksgefühl durch ein vermeintlich falsches Wort wie weggewischt sein. Haben Sie es nicht selbst schon so oft erlebt, dass man die guten Taten eines geliebten Menschens sehr schnell vergisst, wenn er in uns eine verborgene Angst weckt und wir somit negativ berührt werden?

Wir suchen nach Beweisen für Liebe und Freundschaft, und dennoch können wir der Liebe nicht vertrauen. Doch da wir die Liebe von anderen Menschen abhängig machen, kann sich die eigentliche Liebe nicht wirklich entfalten. Liebe kann wachsen, wenn wir in uns das Gefühl der Liebe aktiviert haben und wenn die Liebe unsere Motivation ist, in Beziehung zu sein. Machen Sie sich jeden Tag selbst eine Liebeserklärung. Stellen Sie sich vor den Spiegel, und sagen Sie mit tief empfundenem Gefühl: »Ich liebe mich, ich liebe mich, ich liebe mich, so wie ich bin!« Betonen Sie jedes Wort davon, und hören Sie sich selbst mit Gefühl zu. Können Sie Ihren Worten glauben? Hier liegt ein wesentlicher Schlüssel: Nur wer selbst die Liebe ist, kann Liebe anziehen.

Lebenssinn – Aufgabe und Weg

Wir sind auf dem Rückweg zur Quelle. Wir haben das Ziel, ALLES in ALLEM zu sein, ohne an allem hängenzubleiben. Die Quelle ist die Essenz, die in allen Formen ist, die aber niemals eine Form annimmt. Wir kommen in der ewigen Wirklichkeit an, wenn wir uns nicht mehr mit der vergänglichen Form identifizieren. Wir kommen von außen nach innen, um von innen wertfrei zu begreifen, was außen geschieht!

Der Begriff »Gott« ist der Versuch, die Essenz in eine Form zu zwingen. Wenn wir wirklich in das gelangen wollen, was wir mit »Gott« bezeichnen, müssen wir zuerst den Begriff selbst fallen lassen.

Viele Menschen fragen sich tagtäglich, was »das« alles soll. Vor allem in schwierigen Situationen fällt es uns schwer zu begreifen, warum uns Leid und Probleme begegnen. »Was habe ich getan, dass ich so etwas erleben muss?« Um den Dingen wirklich auf den Grund zu kommen, ist sehr viel Innenschau und das Zulassen der inneren Wahrheit notwendig, denn nur auf diese Weise gelingt es uns, uns selbst und unsere Wirkung zu begreifen. Die wahre »Selbst-Erkenntnis« wird aber große Freude auslösen! Diese Freude ist das sichere Zeichen, dass Sie nun auf dem richtigen Weg sind.

Die meisten Menschen kennen bereits die »Theorie« von Ursache und Wirkung. Wir wissen, was wir aussenden, das werden wir irgendwann wieder ernten. So weit – so gut, doch scheint es, als würden die Menschen nicht wirklich verstehen, was dieses Gesetz in der Tat bedeutet, denn ansonsten würden sie genau in diesem Moment aufhören, andere anzugreifen und sie zu beleidigen. Wer will selbst ein Opfer von willkürlichem Angriff oder von Respektlosigkeit sein? Eigentlich keiner! Doch tagtäglich schaffen wir die Grundlage dazu, indem wir andere für unseren Zustand schuldig sprechen; wir klagen die Mitwelt an, für unser eigenes Leid verantwortlich zu sein, und gleichzeitig hassen wir es, wenn man uns beschuldigt, am Elend eines anderen Menschen schuld zu sein. »Wegen dir konnte ich nicht schlafen! Du machst mich krank!« Wie schrecklich tönt dies in unseren Ohren? Betrachtet man die Situationen mit dem Verstand, und ignoriert man, dass dieser Situation Gedanken und Emotionen vorausgegangen sind, dann versteht man nicht, warum man nun ein Opfer oder Täter wird. Überprüfen Sie einmal nur für eine Stunde, mit welchen Gedanken und mit welcher inneren Haltung Sie auf jemanden zugehen. Rechnen Sie nicht schon im Vorfeld mit Ablehnung, Schwierigkeiten und Problemen? Kommt Ihnen der Gedanke gar nicht, Ihr Gegenüber könnte nun anders, als Sie es gewohnt sind, auf Sie reagieren?

Eine einfache Methode, um solche festgefahrenen Verhaltensweisen zu durchbrechen, sind Schalt- oder Machtworte:

Ihr innerer Meister übernimmt die Kontrolle,
sobald Sie ein Schaltwort einsetzen!

So wird man nicht vorschnell das Opfer der Emotion, die nur neue Probleme und Schmerzen verursacht. Ein Wort genügt, um Ihre Geistesgegenwart zu aktivieren und jetzt eine Wende herbeizuführen.

MERKEN Sie sich: Man ist nie das Opfer eines anderen, sondern man ist immer das Opfer seiner eigenen Gedanken und Empfindungen!

Aus der inneren Einstellung heraus betrachten und bewerten wir unsere Situationen. Unsere innere, geprägte Haltung über richtig und falsch lässt uns Urteile fällen, denen wir selbst irgendwann wieder zum Opfer fallen. Ob etwas richtig oder falsch ist, lässt sich nur durch das festgelegte Ziel erkennen. Kommen wir durch eine Entscheidung dem Ziel näher, so erleben wir unsere Entscheidung als »richtig getroffen«. Eine innere Ziellosigkeit, die bei vielen Menschen zu finden ist, löst immer wieder Selbstzweifel und Unsicherheiten aus. »Ist das, was ich mache und anstrebe, richtig für mich?« Diese Frage richten viele an ihre Mitmenschen, weil sie von deren Urteil abhängig sind. Man würde aber wesentlich schneller eine Antwort erhalten, würde man diese Frage an sein inneres Selbst richten. Doch weil man seinen eigenen Wahrnehmungen nicht mehr vertraut, setzt man lieber auf das Urteil anderer. Um der eigenen, inneren Stimme auszuweichen, fragt man lieber einen, der die falsche Denkweise bestätigt: »Die anderen sind immer schuld, und ich bin das unglückliche Opfer.« Mit dieser weit verbreiteten Grundhaltung muss es nicht verwundern, dass man nie das erreicht, was wirklich auf Dauer glücklich machen könnte.

Viele Menschen sind sich der Macht der eigenen Gedanken nicht wirklich bewusst, und sie lassen sich vom Denken anderer so stark beeinflussen, dass deren negative Haltung ihnen selbst den schönsten Augenblick vermiest. Doch seien Sie sich ab heute bewusst:

Jeder Gedanke weckt eine bestimmte Energie im eigenen Inneren und zieht dementsprechende Energien hinzu.

Das ist das Gesetz der kollektiven Mentalität. Ein positiver Gedanke schwingt höher, also er trägt uns im Sinne der eigenen Seele weiter. Ein negativer Gedanke aber zieht im wahrsten Sinne des Wortes »herunter«, und das entspricht nicht dem eigentlichen Ziel der Seele.

Atmen / ATEM
(Athe = dein ist das Reich...)

Bewusstes Atmen ist die Verbindung zur Quelle. Durch bewusstes Ein- und Ausatmen schicken wir unsere geistige Vorstellung zur Quelle, und diese erfüllt alle Wünsche ihrer Kinder! Ein bewusster Gedanke kann eine geistige Vorstellung eines angestrebten Zustandes sein, z. B. »Ich bin völlig geheilt von Krebs, ich erlebe ganzheitliches Heilsein.« Eine Atem-Pause holt die **Stille der Quelle** in unsere Gegenwart und verankert sie in unserer Mitte. Die große Stille, die wahren und wirklichen Zugang zur Fülle erlaubt, stärkt in uns das Bewusstsein unseres wahrhaftigen Ursprungs. Wir sind das ewige Leben. Was sterben muss, ist die Form, sind die Umstände, ist die Vergangenheit! Der Atem ist sozusagen unsere ständig offene Telefonleitung zur Quelle allen Seins. Viele Menschen atmen nicht mehr richtig und fühlen sich dauernd kraftlos oder werden überhaupt sehr schnell müde. Holen Sie wieder tief Luft, und atmen Sie das Universum mit seiner vollen Kraft ein.

Hat jemand keinen langen Atem, so heißt dies, dass er mit seiner Kraft bald am Ende ist. Unser Leben beginnt mit Ausatmen, damit wir wieder Einatmen können. Bei der Geburt werden die Lungenflügel ausgepresst, so dass der Säugling seine Lungen mit Luft füllen kann. In der Natur ist alles wunderbar auf das Leben ausgerichtet. Allem Nehmen und Empfangen geht ein Geben voraus. Dies ist eines der grundlegendsten Gesetze des Lebens. Atmen Sie zwischendurch tief aus und durch, um sich im Jetzt wieder zu orientieren. Kommen Sie zu sich, indem Sie bewusst Aus- und Einatmen, und finden Sie wieder Ihren Lebensrhythmus.

Jeder Wunsch und jeder Gedanke, den Sie mit einem bewussten Atemzug zur Quelle schicken, wird zudem sehr viel schneller Realität sein.

Die Atempausen bei gewissen Schaltworten dienen dazu, mehr geistige Präsenz ins Jetzt zu bringen. Sie müssen sich aber nicht unbedingt an die Vorgaben halten, denn es ist nur eine Empfehlung. Wenn Sie selbst das Gefühl und das Bedürfnis haben, es anders machen zu wollen, dann wagen Sie es! Probieren Sie aus! Sie können eigentlich nichts falsch machen, außer dass Sie es NICHT tun.

2. Kapitel

DIE MACHTWORTE

BEGEGNEN!

3 x 5 = 15 x

*Sprechen Sie 3x hintereinander das Wort «begegnen», und
wiederholen Sie das Ganze 5x. Die mit Sternen markierten
Pausen helfen Ihnen beim Zählen und stärken Ihre geistige
Präsenz – Sie können sie einhalten, müssen dies aber nicht tun.[1]*

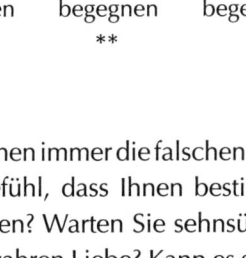

BEGEGNEN Ihnen immer die falschen Menschen? Oder haben Sie das Gefühl, dass Ihnen bestimmte Menschen aus dem Weg gehen? Warten Sie sehnsüchtig auf die Begegnung mit der wahren Liebe? Kann es sein, dass Sie sich in Wahrheit selbst noch nicht begegnet sind? Wir suchen nach der richtigen Beziehung und befinden uns dauernd in Verbindungen, in denen wir nach »Selbst-Bestätigung« suchen; vor allem im Suchen nach der »richtigen« Partnerschaft zeigt sich diese Sehnsucht nach An- und Beziehung am stärksten. In keiner anderen Begegnungsform lassen wir einen anderen Menschen so nah an uns heran. Wir

---

1) *Verfahren Sie bei den übrigen Schaltworten bitte genauso, die genaue Anzahl, wie oft Sie die Worte wiederholen sollten, ist jeweils angegeben.*

definieren uns darüber, wie der geliebte Partner uns sieht, und wir suchen nach Bestätigung für dessen Liebe sowie glauben dadurch, unsere Unsicherheit heilen zu können. Wir klammern uns an »seine Worte«, weil wir unsere eigene Kraft nicht spüren. In einem solchen Verhalten zeigen sich letztendlich nur die vorhandene Angst vor Verletzlichkeit und Abhängigkeit. Durch die Nähe und durch die Liebe BEGEGNEN wir in erster Linie immer uns selbst. Kaum befinden wir uns in einer – für uns wichtigen – Verbindung, zeigen sich die verschiedensten Unsicherheiten (Minderwertigkeitsgefühl, Eifersucht, Treue) sowie die allgegenwärtige Angst vor dem Verlassenwerden, die Angst, nicht zu genügen, die Angst vor Betrug, die Angst, nicht das Richtige zu tun, die Angst, ausgetauscht zu werden usw.

So tritt in jeder Beziehung unser Innerstes hervor. Wir entdecken Gedanken und Vorstellungen, die uns vorher gar nicht bewusst waren und die uns nun auffallen. Doch wir sind alle auf dem Weg der Heilung, also jeder von uns will mit der Kraft unseres Geistes die negativen Situationen, Gedanken und Vorstellungen in positives Geschehen umwandeln. Uns zieht an, was wir in uns selbst noch nicht entwickelt und begriffen haben. Streben Sie nun an, »der großen Liebe zu BEGEGNEN«, so werden sich die Ängste zeigen, die die große Liebe bis jetzt abgewehrt haben. Es zeigen sich die inneren Widersprüche. Durch »Selbst-Erkenntnis« und durch Innenschau lassen sich die hinderlichen Gedanken und Einstellungen HEILEN. BEGEGNEN bringt den Segen in die inneren, persönlichen Vorstellungen. Auf was sind Sie VORbereitet? Was erwarten Sie in Wahrheit wirklich? Sind Enttäuschungen vorprogrammiert? Durch BEGEGNEN wird sich Ihnen offenbaren, was Sie im

Unterbewusstsein erwarten. Das Leben fragt nicht danach, ob Ihre Erwartungen und Vorstellungen positiv oder negativ sind. Darum seien Sie in jedem Moment achtsam mit sich selbst, und Sie können in freudiger Erwartung sein. Sie sind der Schöpfer Ihrer Realität, allein durch Ihre Gedanken formen (Gedankenformen) Sie materielle Zustände und seelische Begegnungen.

Spüren Sie bei jeder neuen Begegnung zuerst Misstrauen? Der Grund liegt in Ihnen. Jede Form von Wertung, vor allem von Abwertung / Abschätzung wird Sie genau mit »solchen« Menschen verbinden, bis Sie durch Ihr geistiges Verstehen gelernt haben, »wie man SO SEIN kann«. Suchen Sie nicht weiter im Außen, sondern streben Sie zuerst die persönliche Begegnung mit sich selbst an. Alles, was Sie persönlich nehmen, hat nur mit Ihrer eigenen Einstellung zu tun. Menschen weichen bestimmten Begegnungen aus, weil sie Angst haben, in der Begegnung zu bestehen oder weil sie noch nicht bereit sind, ihrer eigenen Angst und Unzulänglichkeit zu BEGEGNEN, um diese genau dadurch HEILEN zu können. BEGEGNEN verändert die mangelhaften Situationen, die ihren Ursprung im Bestreben der Nicht-Begegnung haben. Weil man seine innere Größe aufgegeben hat, hat man Angst, dem zu begegnen, was einem wirklich wichtig ist.

Sagen Sie stattdessen:

Ich bin bereit, mir selbst in voller Wahrheit zu BE-GEGNEN, so dass ich versteckte Schwächen und meine innere Ohnmacht HEILEN kann!

Ich bin bereit, allem zu BEGEGNEN, was der Liebe zu mir selbst dient!

Ich bin bereit, meinem Seelengefährten zu BEGEGNEN!

Ich bin bereit, alles zu akzeptieren, was der Begegnung mit meiner wahren und höchsten Wirklichkeit dient!

Ich bin bereit, meine Liebe in der Begegnung mit dem mir vorbestimmten Partner / der mir vorbestimmten Partnerin zu leben und mir damit selbst immer wieder neu BEGEGNEN zu können!

In der Beziehung mit XY MIR SELBST BEGEGNEN! (Dies beendet die verzweifelte Suche nach der wahren Liebe und offenbart die Wahrheit in der gegenwärtigen Beziehung!)

Meiner Mutter / meinem Vater / meinem Kind / meinem Partner bewusst BEGEGNEN!

AKTIVIEREN!

6x

aktivieren   aktivieren   aktivieren **
aktivieren   aktivieren   aktivieren

AKTIVIEREN überwindet Passivität! Viele Menschen kämpfen um persönliche Akzeptanz im Leben, am Arbeitsplatz, in der Gesellschaft, im gleichberechtigten Miteinander. Oder aber sie warten ab und verbleiben in einer ungesunden Passivität. Das Leben scheint an ihnen vorbeizugehen.

Eigentlich ist der Schalter RE-AKTIVIEREN, denn AKTIVIEREN bewirkt, dass das vergessene, bereits vorhandene Potenzial wieder hervorgeholt und so erneut verwirklicht werden kann, denn wir verfügen über wesentlich mehr geistiges Können, als uns in Wahrheit bewusst ist. Wir sind durch das Tal des Vergessens gekommen, als wir in diese physische Welt inkarniert haben. In uns gibt es aber einen Lebensplan der Seele. »Lebensplan AKTIVIEREN!« bewirkt, dass sich unser Geist im umfassenden Sinne wieder erinnern kann. Mit dem Schalter AKTIVIEREN können Sie also auch in Vergessenheit geratene Fähigkeiten wieder in die Gegenwart einbauen.

ERKENNEN und AKTIVIEREN zeigt die gelebte Weisheit!

Ist Stillstand der Zustand Ihrer gegenwärtigen Situation? Bewegt sich nichts oder nur wenig? Die Ursache liegt darin, dass Sie sich lange Zeit passiv verhalten haben. Viele leben im Irrtum, einfach abwarten zu müssen, dann würde sich schon das Richtige ergeben. Doch wir sind die bestimmende Macht in unserem Leben. Daher tragen wir die volle Verantwortung für alles, was sich für uns und durch uns ereignet. Um neue Kraft für neue Aktivitäten zu bekommen, benutzen Sie das Codewort AKTIVIEREN!

AKTIVIEREN ist der Schalter, um vernachlässigte (»alte«) Beziehungen, Wissen, Weisheit und Zugänge wieder aktiv werden zu lassen. Viel Gutes geht im Verlaufe der Zeit und im Stress mit der äußeren Welt verloren. AKTIVIEREN Sie die »vergangene Weisheit«, die dadurch »vergangen« ist, weil man sie nicht mehr aktiv gelebt hat. Wissen, das nicht gelebt wird, wird zur Theorie. Theorien aber hindern uns am Vorwärtsgehen und nähren letztendlich nur die Lebenszweifel. Was wir leben, das ZÄHLT!

Liegen Beziehungen, Dinge und Zustände brach? Bleibt Ihr Potenzial ungenutzt? Verstreicht Ihre Lebenszeit, ohne dass Sie Ihre Vorstellungen verwirklichen? Dies kann daran liegen, dass Sie sich bereits in der Kindheit durch die Eltern und durch die Mitwelt blockieren und einschüchtern ließen. Man hat Ihnen alles abgenommen, und nun stehen Sie mit leeren Händen da. »Ich kann selbst nichts machen!« Ist Ihnen diese Haltung vertraut? So traut man sich nichts mehr zu und verfällt in eine ungesunde Passivität mit dem dauernden Druck zur Tat, weil man in den Problemen versinkt, die andere zu verursachen scheinen. AKTIVIEREN Sie Ihre passive Seite! Schreiten Sie nun zur Tat! AKTIVIEREN stärkt Ihre Handlungsbereitschaft. Das Leben wird positiv auf Ihren Befehl reagieren! AKTIVIEREN Sie Ihr wahres Selbst!

Persönlichen Lebensmut AKTIVIEREN!

Eigene Schaffenskraft AKTIVIEREN!

Erinnerung an den ursprünglichen Seelenplan AKTIVIEREN!

Persönlichen Lebenszweck AKTIVIEREN!

Bewussten Zugang zum höheren Selbst AKTIVIEREN!

Fähigkeiten im Bereich ... AKTIVIEREN!

Begabung im Bereich ... AKTIVIEREN!

Wissen über ... AKTIVIEREN!

Verjüngende Vitalität AKTIVIEREN!

Vollkommene Gesundheit AKTIVIEREN!

Persönliche Hellsichtigkeit AKTIVIEREN!

Persönliche Hellfühligkeit AKTIVIEREN!

Persönliche Heilkräfte AKTIVIEREN!

Einsicht im Bereich AKTIVIEREN!

Persönliche Liebesfähigkeit AKTIVIEREN!

Beziehung mit XY AKTIVIEREN!

Geistige Beweglichkeit AKTIVIEREN!

RUHEN! / RUHE!

11x

ruhen ** ruhen ** ruhen ** ruhen ** ruhen ** ruhen **
ruhen ** ruhen ** ruhen ** ruhen ** ruhen **
(Sie können alternativ auch das Wort »Ruhe« verwenden.)

Die Stille ist die alles sagende Kraft des unfassbaren Nichts!

Beim Schaltwort RUHEN sollten Sie auch wirklich zur Ruhe kommen und die Ruhe in sich spüren und zulassen! Daher ist es ratsam, nach jedem RUHEN ruhig zu atmen. Dies wird die innere Ruhe verstärken und vertiefen!

RUHE BEWAHREN! In der RUHE liegt die Kraft, und nur die RUHE verschafft bewussten Zugang zum JETZT! RUHE ist die »aktive, lebendige, innere Stille«! In der RUHE geschieht meist mehr als durch äußere Aktivität.

Viele Menschen kommen allerdings nicht mehr zur RUHE, und in der Hektik verlieren sie den Überblick über das Ganze. Man ist im äußeren Geschehen gefangen und fühlt sich dadurch gestresst und ist überfordert. Vor allem der Verstand ist ein großer Quälgeist, der uns nicht zur RUHE kommen lässt. – Der Schalter RUHEN bewirkt, dass man sich wieder in seinem inneren Tempel sammeln und neu orientieren kann. In vielen Situationen wären wir aufgefordert, zuerst einmal RUHE zu bewahren, bevor wir wieder aktiv werden. Dies würde uns vor so vielen Fehlschlägen und Verletzungen bewahren, die wir uns immer selbst zufügen. Stress und Zeitdruck stehen oft so im Mittelpunkt, dass wir unsere RUHE – auch nachts – nicht mehr finden. Wir fühlen uns in solchen Momenten regelrecht überfordert und reagieren gegenüber der Mitwelt unfreundlich und abwehrend. Es wird uns einfach alles zu viel. Oft greift dann die Seele ein und kreiert eine körperliche Unpässlichkeit oder eine »richtige Krankheit«, damit der Mensch zur wahren RUHE kommt und sich selbst wieder findet.

»Lass mich in Ruhe!« ist der verzweifelte Abwehrversuch, der nur noch mehr Stress verursacht. »LASSE mich in der RUHE!« aber hilft Ihnen, sich im Wesentlichen zu sammeln, um dann selbstbewusst und siegreich zu handeln. »In der Ruhe liegt die Kraft!« Genau diese Kraft AKTIVIEREN Sie, wenn Sie den Schalter RUHE betätigen. Seien Sie die RUHE selbst, und Sie helfen mit, dass diese Welt zur RUHE kommt, ohne am Ende zu sein. »RUHE in Frieden«, das ist das, was wir einem Verstorbenen wünschen, jedoch haben wir auch die Macht, die RUHE zu erleben, ohne tot zu sein.

Ein Mensch, der selbst in der RUHE ist, hat die Macht, einen anderen zu beRUHIGEN! Wie wohltuend ist so ein Gegenüber. Wenn Eltern ihren Kindern aber mit einer inneren Unruhe begegnen und nur äußerlich versuchen, ruhig zu sein, werden die Kinder nerven und unruhig reagieren. Zuerst sollten wir uns daher selbst beruhigen. NUTZEN Sie das Schaltwort RUHE, um die RUHE wieder herzustellen, und Sie können alles ruhig angehen. RUHEN ist das Machtwort, das die Kraft in uns

AKTIVIERT, jegliche Form von Unruhe zu heilen. Ihr vegetatives Nervensystem wird positiv auf die Kraft von RUHEN antworten. Wie wunderbar dieses Gefühl der RUHE doch ist!

Verstand RUHEN!

Gedanken RUHEN!

Stehen Sie unter Druck, dann STOPPEN Sie diesen Zwang mit RUHEN!

Sind Sie immer im Stress, dann beRUHIGEN Sie sich mit RUHE!

Das Wort RUHE verkörpert den natürlichen Atemrhythmus: RU einatmen, -HE ausatmen.

AKZEPTIEREN!

4x

akzeptieren   akzeptieren   akzeptieren   akzeptieren

Was man nicht AKZEPTIERT, das ändert man nicht, sondern man unterdrückt es solange, bis es mit geballter Kraft den Weg versperrt. AKZEPTIEREN ist der Schalter, der Folgendes bewirkt: »Ich will voll und ganz verstehen, damit ich mich persönlich annehmen kann.«

Wie oft hört man Menschen sagen: »Ich kapiere einfach nicht, warum mir das widerfährt.« Alles, was wir in uns selbst nicht begreifen können, empfinden wir als Angriff und als Schikane des Lebens. Hier kommt das Gesetz der Resonanz zum Tragen: Alles, was jemals ausgesandt (ausgesagt) wurde, kehrt in einer konkreten Lebenssituation wieder zu uns zurück. Wir haben vielleicht längst vergessen, was wir angezettelt hatten und sind darum negativ überrascht. So können wir nur mit Unverständnis und Hilflosigkeit reagieren. Doch es fällt uns zu, wofür wir innerlich ausgerichtet sind, bewusst oder unbewusst; das Leben macht keinen Unterschied, und die kosmischen Gesetze sind unfehlbar und kennen keine Ausnahmeregelungen. Im bewussten Sinn können wir es also begreifen, im unbewussten Sinn sind wir allerdings oft überfordert und fühlen uns vom Leben bestraft und ungerecht behandelt. Wenn wir aber AKZEPTIEREN, dass wir jede Lebenssituation selbst verursachen, dann können wir auch jede unangenehme Lebenssituation in einen annehmbaren, bereichernden Zustand verwandeln.

Manchmal wird man von einem unerklärlichen Zwang zur Ablehnung geleitet, aber man weiß eigentlich nicht, warum man etwas ablehnt. Es kann sein, dass der Mensch hier durch eine innere Haltung fremdbestimmt ist: Er hat möglicherweise mit einem anderen eine schlechte Erfahrung gemacht und diese Person als unangenehm in sich gespeichert. Er lebt nun immer noch im Irrglauben, dass der andere ihm geschadet hat, und er hat noch nicht erkannt, dass er diesem Menschen ganz einfach mit einer falschen Vorstellung begegnet ist. Die Erfahrung ist also noch nicht durch Erkenntnis bereinigt worden und lebt demzufolge als unerledigte Angelegenheit im Inneren weiter. Seine eigene innere Haltung überträgt man auch immer auf seine Kinder und auf seine Mitwelt, ohne dass einem dies selbst bewusst ist. So mag Ihre Mutter Frau Meier von nebenan nicht, und augenblicklich lehnen Sie Frau Meier ebenfalls ab, obwohl Sie selbst persönlich mit Frau Meier keine eigenen schlechten Erfahrungen gemacht haben. Doch Sie sind nun vorprogrammiert, und der »schlechte Zufall« mit Frau Meier wird mit Sicherheit kommen.

Jeder Gedanke bestimmt die Energie und prägt die Art und Weise des Energiefeldes. Weil der Mensch ein Resonanzkörper ist, wird er das anziehen, was er ablehnt. AKZEPTIEREN ist das Schaltwort, das eine erneute Begegnung zur wesentlichen Befreiung ermöglicht. Denn die unerledigten Geschichten fressen sich in die Seele ein und geben keine Ruhe. So sind die Menschen getrieben, Dinge zu tun oder zu lassen, ohne dass sie selbst wirklich wissen, warum. Dabei können sie keine Kontrolle über ihr Verhalten erlangen. Nur weil man etwas nicht AKTZEPTIEREN kann, löst es sich nicht auf. Das Hindernis wird vielmehr größer und größer, bis man es AKZEPTIEREN muss. Damit es nicht so weit kommt, NUTZEN Sie das Machtwort AKZEPTIEREN.

AKZEPTIEREN Sie, damit Sie sich selbst die Möglichkeit geben, alles in Ihrem bewussten Sinn zu VERÄNDERN. Hadern Sie nicht weiter mit Ihrem Schicksal, denn das führt nur dazu, dass Sie sich noch mehr verlieren und dass die Situation deutlich schlechter wird. In der Annahme liegt gleichzeitig die Möglichkeit der Befreiung. AKZEPTIEREN ist das Machtwort, das ungesunde Ablehnung auflöst. AKZEPTIEREN Sie, damit Sie selbst AKZEPTIERT sind. AKZEPTIEREN schafft die Möglichkeit zur wertfreien Annahme. Nur wenn man nicht mehr ablehnt, kann man sich frei BEWEGEN. Die hinderliche Fixierung »Ich kann dich so nicht akzeptieren!« können Sie mit dem Machtwort AKZEPTIEREN HEILEN. In der Annahme liegt der Schlüssel zur Lösung.

Mich selbst, so wie ich bin, AKZEPTIEREN!
Jetzige Lebenssituation AKZEPTIEREN!
Vorgesetzten AKZEPTIEREN!
Eltern, so wie sie sind, AKZEPTIEREN!
Kinder, so wie sie sind, AKZEPTIEREN!

XY AKZEPTIEREN!
Mich selbst in Wirklichkeit AKZEPTIEREN!
Meinen Lebensplan AKZEPTIEREN!

EHREN!

11 x

ehren   ehren   ehren   ehren   ehren   ehren
ehren   ehren   ehren   ehren   ehren

Man EHRT sich in der Tat selbst! Die größte Ehre erleben wir, wenn wir die kosmischen Lebensgesetze beachten und befolgen. EHRE ist das höhere, alles bestimmende Gesetz. In der EHE beispielsweise versuchen wir, das Gesetz der Liebe zu verwirklichen. Jede Seinsform basiert auf diesem Gesetz; wie oben so unten, wie innen so außen. EHREN bedeutet, das Gesetz anzuerkennen und diesem zu folgen, denn dadurch erlangen wir wahre Freiheit.

Jedes kosmische Gesetz ist eine Anleitung zum höchsten Glück, aber es steht kein Zwang dahinter, sondern es ist die wirkungsvolle und natürliche Lösung, um aus allen Zwängen, Schmerzen und Ängsten herauszukommen. Es gibt eine natürliche Ordnung und ein natürliches Gesetz, nach dem sich jeder selbst bestimmt und richtet, daher gibt es keine Ungerechtigkeit. Nur der beschränkte Verstand kennt Ungerechtigkeit, weil er nur einen Teil einer Geschichte erkennen kann. Der Verstand hat nie den Überblick über das Ganze.

Erleben Sie immer wieder Respektlosigkeit? Fällt es Ihnen schwer, einen bestimmten Menschen zu respektieren? Verachten Sie dessen Lebensweise? Fühlen Sie sich durch dessen Lebensart sogar bedroht, und sehen Sie bereits schlechte Taten voraus? Dann ist es höchste Zeit, dass Sie sich von diesem zwanghaften negativen Bild erlösen, indem Sie in der Begegnung EHREN einsetzen. Spüren Sie, dass Ihnen Verachtung widerfährt? Es tut wirklich weh, wenn Missachtung und Verachtung schmerzliche Ausgrenzung verursachen. Mit EHREN aktivieren Sie die Würde Ihrer Seele und respektieren aber auch die Größe anderer Seelen. Haben Sie wirklich Respekt verdient?

Oft hört man Menschen sagen: »Jetzt bin ich einmal ehrlich und sage, was ich wirklich denke!« Damit gibt man zu, dass man in den meisten Fällen unehrlich war. Vor lauter falschem Ehrgeiz schmeichelt man denen (Diplomatie), von denen man glaubt, dass sie nützlich sein könnten, und man lehnt jene ab (Konkurrenz), die einem gefährlich werden könnten oder in denen man ganz einfach keinen Nutzen für sich selbst sieht. Man findet weitaus mehr falschen Ehrgeiz als wahren Respekt und wirkliches EHRgefühl gegenüber der individuellen Freiheit eines jeden Menschen.

Es kommt uns aber selbst keine Ehre zuteil, solange wir andere verurteilen, kritisieren und verachten. Aus persönlichem Unverständnis bleiben wir kleingeistig auf das Tun anderer Menschen fixiert. Jede Form von Kritik ist für uns wie ein Stich ins Auge, und so sind uns folglich gewisse Menschen »ein Dorn im Auge«, der unser wahres Seh- und Erkennungsvermögen massiv einschränkt. Wir sollten gut überprüfen, ob wir urteilen und bewerten, oder ob wir aus unserer erkennenden Mitte heraus eine Beobachtung äußern. »Ich fühle mich GEEHRT, dass meine

Aufmerksamkeit deine Aufmerksamkeit gestärkt hat, und ich bin GEEHRT, durch deine Worte und durch deine ausgesprochene Anerkennung!« Dies ist wahrlich ein bereicherndes Erlebnis. Wollen Sie mehr GEEHRT und respektiert werden, dann EHREN und respektieren Sie andere Menschen ganz bewusst. EHREN ist der Schalter, der uns hilft, Bewertungen und Vorurteile zu überwinden und die wahre Größe und Wirklichkeit der Menschen zu sehen. Wir sind alle, was wir selbst denken. Was wir von anderen »halten«, das erhalten wir für uns selbst. Wir bestimmen also selbst, wie unser Lohn sein wird. EHRE, wem EHRE gebührt.

XY EHREN!

Natur EHREN!

Mutter Erde EHREN!

Alle Lebensformen EHREN!

WANDELN!

$$5 \times 4 = 20$$

wandeln	wandeln	wandeln	wandeln	wandeln
wandeln	wandeln	wandeln	wandeln	wandeln
wandeln	wandeln	wandeln	wandeln	wandeln
wandeln	wandeln	wandeln	wandeln	wandeln
**	**	**	**	

»Die andere Seite sehen!« Die Wandlung kann statt-finden, wenn man sich selbst, mit allem, was man war und ist, voll und ganz begriffen hat, und wenn man nun die persönliche Wahrheit begreift. Um zu WANDELN, ist die bewusste geistige Präsenz im Jetzt nötig. So erleben wir bewusste Gegenwart und erfahren uns in unserer Macht – oder eben auch in unserer Ohnmacht.

Jeder Mensch hat die Macht, »vom Saulus zum Pau-lus« zu werden. WANDELN bringt Veränderung im höch-sten Sinn! Wir sind hier, um uns zu WANDELN! Daher sollten wir die Dinge nicht verurteilen, bewerten und ab-lehnen, sondern wir sind aufgefordert, die wertfreie Wahr-heit in ihnen zu erkennen und zu begreifen. Haben wir diese Gesetzmäßigkeit verstanden, so sind wir in der Lage, alles zu verändern, und wir verlieren unsere Energie nicht mehr im »Kampf dagegen«. Die höchste Ebene erreichen wir, indem wir die kosmischen Gesetzmäßigkeiten aner-kennen, verstehen und in der alltäglichen Praxis in jedem

Moment leben. Das wird unseren Lebensalltag in Leichtigkeit verWANDELN! Alles Negative, Zerstörerische und Hemmende baut sich vor uns auf mit der Aufforderung, unsere innere Kraft zu benutzen und störende Dinge mit Licht, Liebe und Geist umzuWANDELN! Wir WANDELN vom Schatten ins Licht! Statt sich also weiter über die negativen Ereignisse zu beschweren, könnten wir z. B. Ärger in Verstehen WANDELN! Im Negativen verweilen heißt, seine geistige Schwäche zu pflegen und sein Opfersein zu verstärken. Wer will das schon? Niemand – und doch tun es so viele.

Die wahre Wandlung geschieht, wenn wir unsere Realität ganz begriffen und angenommen haben. Durch die eigene Erfahrung werden wir weise, und wir begreifen uns selbst in unserer eigenen Macht. Dies sollte wertfrei geschehen, dann kann sich die Gegenwart im höheren Sinn WANDELN. Solange wir aber stur in einer Opferrolle verharren, kann sich nichts ändern oder gar zum Besseren WANDELN, denn unsere innere Einstellung und somit die eigene Energie verhindert eine Besserung! Jeder Wandlung geht eine Selbsterkenntnis voraus! Wenn sich der »Saulus zum Paulus« WANDELT, dann hat eine Seele zur Wahrheit zurückgefunden.

WANDELN bringt Veränderung im Sinne der großen, allumfassenden Wahrheit. Wenn wir uns im Wesentlichen und im großen Ganzen begreifen, dann geschieht Wandlung. WANDELN ist ein Schalter, der helfen kann, die Zwänge der Polarität zu überwinden, so dass wir nicht weiter im Spiel von »Gut und Böse« gefangen bleiben. Wir kennen

Gut und Böse, Liebe und Hass, Freude und Trauer, Glück und Leid, weiß und schwarz, groß und klein usw. – und haben weder das eine noch das andere. Keines von beiden können wir genießen, denn kaum sind wir im Guten, so fürchten wir das Schlechte, und sind wir im Schlechten, bemühen wir uns um das Gute. Das kosmische Gesetz der Polarität ist die Aufforderung, die Gefangenschaft des Geistes im polaren Sein zu überwinden, indem wir in unsere Mitte finden, so dass wir auf diese Weise weder das eine noch das andere sein müssen – aber beides kennen. Ein Beispiel: Wir alle waren schon einmal gut und dann auch wieder böse, wir haben Freude empfunden, und später waren wir wieder in Trauer. Nun, ab jetzt können Sie mit dem Schalter WANDELN wieder den entgegengesetzten Zustand herbeirufen, der dauerhaft sein soll.

Eigentlich ist Wandlung immer in einen Zustand möglich, den man bereits in der Vergangenheit erlebt hat. Im Ursprung unseres Seins sind und waren wir vollkommen; wir waren vollkommen in Liebe, in Wissen und Weisheit, in Freude und bejahender Fülle. Jeder hat schon gute und schlechte Zeiten erlebt. In den schlechten Zeiten ist es wichtig, dass man sich die guten in Erinnerung ruft, das ist die Lösung, um dem Zwang der Polaritäten zu entkommen. Also können Sie in der Gegenwart, im Jetzt, sofort bewusst »umswitchen«, so dass Wohlstand und Wohlbefinden zur erlebten Realität werden und bleiben können. Bedenken Sie: Ihre Grundhaltung wird immer mehr Freude oder aber immer mehr Leidvolles anziehen. Ihre Geisteshaltung bestimmt Ihre Resonanz – Gleiches zieht Gleiches an!

WANDELN ist der Schalter, um ins Gegenteilige zu wechseln!

Frauen, die zu sehr ihre männliche Seite leben und ihrer Weiblichkeit kaum mehr Raum geben, könnten mit »Männlichkeit in Weiblichkeit WANDELN!« ihre weibliche Seite wieder stärken, die dann den Mann anzieht und begeistert. Dasselbe könnten natürlich auch alle Männer tun, die sich in der Vergangenheit von dominierenden Frauen (Müttern) in eine passive Rolle haben drängen lassen.

Böses in Gutes WANDELN!

Trauer in Freude WANDELN!

Wut in Frieden WANDELN!

Stress in Ruhe WANDELN!

Hass in Liebe WANDELN!

Unglück in Glück WANDELN!

Armut in Reichtum WANDELN!

Trennung in Einssein WANDELN!

Schwäche in Stärke WANDELN!

Krankheit in Gesundheit WANDELN!

Einsamkeit in ZWEISAMKEIT WANDELN!

Verlust in GEWINN WANDELN!

Verblendung in ERLEUCHTUNG WANDELN!

Schatten in LICHT WANDELN!

Körperliche Fülle in Schlankheit WANDELN!

Alter in Jugendlichkeit WANDELN!

Pech in Glück haben WANDELN!

Hass in Freundschaft WANDELN!

Dummheit in Weisheit WANDELN!

Schmerz in Wohlsein WANDELN!

Elend in Wohlstand WANDELN!

Negativität in Positives WANDELN!

Zweifel in Sicherheit WANDELN!

Lärm in RUHE WANDELN!

Krieg in Frieden WANDELN!

Trennung in Einssein WANDELN!

Hässlichkeit in Schönheit WANDELN!

REIFEN!

12x

reifen reifen reifen reifen
reifen reifen reifen reifen
reifen reifen reifen reifen

**   **   **

»Die Zeit ist noch nicht reif!« »Ich bin noch nicht reif dazu!« Die Sache muss noch REIFEN. REIFEN ist der Schalter, der einen neu dazu gewonnenen Gedanken, eine neue Idee wachsen und gedeihen lässt, bis diese voll und ganz ausgereift ist, um sich in der Realität und mit großem Gewinn zu verwirklichen. REIFEN bringt innere Ruhe und die Überzeugung, dass etwas Zeit, Raum und Stille braucht, um sich voll entfalten zu können. Ist eine Sache ausgereift, so wird der bewusste Einsatz direkt zur Ernte führen, denn die geistige Saat hat sich entwickelt und kann somit konkret genutzt werden. Man muss sich nicht ständig darum kümmern, sondern kann »es getrost geschehen lassen«.

Tritt jemand mit einer neuen Idee an Sie heran, und fühlt sich diese Idee in Ihrem Inneren gut und interessant an, dann können Sie mit dem Schalter REIFEN anregen, dass sich diese Idee vor Ihrem inneren Auge mit ihrem Endresultat zeigen kann. Wie wird die Ernte sein? Wie lange wird es dauern? Was gibt es noch zu tun, um wirklich ernten zu können? REIFEN macht deutlich, wie viel noch zu tun ist und welchen geistigen Dünger es konkret noch bis zur tatsächlichen Erfüllung braucht.

REIFEN lässt uns erkennen, wo wir selbst noch nicht »so weit« sind, damit eine erfolgreiche Tat sicher sein kann. »Bin ich wirklich reif, um eine neue Position oder eine neue Aufgabe zu übernehmen?« »Bin ich reif genug, um Vater / Mutter zu sein?« Der Same entwickelt sich, und die Pflanze wächst heran, um im höchsten Energiezustand zu erblühen und um dann die höchste Kraft in Form von Früchten hervorzubringen. Diese Weisheit lässt sich auf alles anwenden: Dinge lassen sich nicht erzwingen, sondern sie brauchen geistiges Wachstum, und so durchläuft alles einem Reifeprozess. In der Zeit des REIFENS beginnt sich unser inneres Wesen auszuweiten und schafft den Raum für wahres Wachstum. Solche Prozesse dienen der inneren Vervollständigung der eigenen Seele, der eigenen Wesensgröße. REIFEN ist das Machtwort, das den Befehl zu innerem Wachsen erteilt, so dass man von innen heraus größer wird. REIFEN behütet uns davor, die Dinge zu überstürzen, so dass außer Spesen nichts gewesen wäre...

Wir leben in einer Zeit, in der alle danach streben, mehr Zeit für sich selbst zu haben. Doch gerade weil jeder fürchtet, er hätte zu wenig Zeit, wird er noch eher zu wenig Zeit haben. Fast food z.B. ist die Ernährung, die die Lebenszeit des Körpers verkürzt. Indem wir uns selbst nicht einmal mehr die 10 Minuten Zeit GÖNNEN, um Wasser für einen Tee im Kocher oder Topf zu erwärmen, sondern die Tasse Wasser lieber in die Mikrowelle stellen, verkürzen wir in der Tat unseren Lebensgenuss und beschränken unsere eigene Lebensqualität. Wir essen Früchte, die unreif geerntet und die mit Chemikalien besprüht werden, um Zeit zu gewinnen. Wir hasten durchs Leben und verpassen das Schönste und Wichtigste, nämlich uns selbst. Wir sollten hier *und* dort sein – und können weder hier noch dort genießen. Dies sollte uns wirklich zu denken geben. Lassen Sie Ihre Überlegungen zu wahrer Selbsterkenntnis heranREIFEN, um die süßen Früchte des Lebens KOSTEN zu KÖNNEN.

Idee für die Selbstständigkeit im Bereich... REIFEN!

Vorstellung, Mutter zu sein..., REIFEN!

Vorstellung, Direktor einer Firma zu sein..., REIFEN!

In wahrer »Selbst-Erkenntnis« REIFEN!

Eigene Geisteskraft im besten Sinn REIFEN!

SIEGEN!

13x

siegen   siegen   siegen   siegen **
siegen   siegen   siegen   siegen **
siegen   siegen   siegen   siegen   siegen

SIEGEN bewirkt den glorreichen Abschluss eines langen Vorhabens. SIEGEN bewirkt, dass man seine eigenen, inneren Ziele erreicht, dass man seine persönlichen Widerstände überwindet und dass man sich selbst ganz unter Kontrolle bringt. Der Sieger bestimmt in sich selbst die Regeln. Ein wahrer Sieger kümmert sich nicht ums Gewinnen gegen andere, sondern er perfektioniert das Können, das er aus Liebe tut, und der Sieger bestimmt das weitere Geschehen. SIEGEN hilft, vom Wettbewerb mit anderen Menschen abzulassen und sich auf sich selbst zu konzentrieren. Daher bedeutet SIEGEN nicht, über andere zu triumphieren, sondern die eigenen inneren Widerstände und Widersprüche zu überwinden, um schlussendlich im Lebensziel der eigenen Seele siegreich zu sein. Eine kleine Geschichte hierzu: Ein Bogenschütze hat das Ziel, den Pfeil in das Zentrum der Scheibe zu schießen. Er tut dies aus Freude an der Sache und übt sich in der Kunst des Bogenschießens. Eines Tages ist sein Können meisterlich GEREIFT, und er schießt mit Leichtigkeit und der Gewissheit seines Könnens mit dem Pfeil in die Mitte. Nun will sich ein anderer Meister mit ihm messen, weil es dem Herausforderer alles bedeutet, ein

Meister über den Meister zu sein. Nimmt nun der meisterliche Bogenschütze diese Herausforderung an und will gewinnen, so verliert er sein ursprüngliches Ziel – nämlich die Mitte zu treffen – aus den Augen, denn nun ist GEWINNEN das Ziel und nicht mehr die Scheibe. So verliert er das ursprüngliche Ziel aus den Augen, er konzentriert sich auf das Tun des Herausforderers, und die Niederlage ist daher vorprogrammiert. SIEGEN ist das Machtwort, das Ihre Erinnerung an Ihr ursprüngliches Streben wieder AKTIVIERT.

SIEGEN hilft, sich auf die *eigenen*, wahren und wirkenden Kräfte zu besinnen, um diese für die Selbstverwirklichung zu nutzen. SIEGEN ist der Schalter, der uns bewegt, an unsere eigenen Ziele zu GLAUBEN oder uns an unsere wahren und ursprünglichen Ziele zu ERINNERN. Wir verlieren sehr leicht unsere Ziele aus den Augen, wenn wir zu sehr auf die Meinung anderer achten und uns zu sehr darum kümmern, was diese denn dazu meinen! Wir gehen unter im Wettbewerb und im Kampf mit anderen Mitstreitern – am Arbeitsplatz, in der Familie oder im Alltag. Uns wurde beigebracht, wir müssten besser sein als die anderen, und daher schauen wir beständig darauf, wie und was andere tun. Ja, wir werden regelrecht dazu angestachelt, die anderen auszubooten. Doch die äußeren Siege werden uns am Schluss unseres Daseins nichts nützen, und im Betrachten materieller Trophäen trauern wir nur alten Zeiten hinterher.

SIEGEN AKTIVIERT Ihre Meisterschaft mit sich selbst, um auf eine neue Ebene von Bewusstheit zu gelangen. SIEGEN bringt Ihre Meisterkräfte in Aktion. BeSIEGEN Sie allfällige Zweifel, und BESINNEN Sie sich auf sich selbst.

Achten Sie auf Ihre Gedanken, denn diese bestimmen Ihre erlebte Realität jetzt und in der Zukunft. Viele Menschen hängen allerdings mit ihren Gedanken in der Vergangenheit fest, indem sie sich ständig an die Probleme der Vergangenheit klammern. Sie lassen diese Probleme immer wieder erneut aufleben, indem sie lebhaft ihre vergangenen Leidensgeschichten erzählen. Damit werden diese in der Gegenwart und in der Zukunft aber wieder auftauchen müssen, denn das kosmische Gesetz fragt nicht, ist unser Gedanke positiv oder negativ, handelt er von der Vergangenheit oder ist er für die Zukunft, macht ein Gedanke für uns Sinn oder ist es bloßer Unsinn – nein, es erfüllt einfach, was wir denken. So verstärkt beispielsweise jede Erinnerung an einen Verlust den ungesunden Gedanken an einen verlorenen Kampf. Wir haben gegen einen anderen Mitbewerber verloren und leben im gedanklichen Zwang, irgendwann über den Sieger SIEGEN zu müssen. Dabei sollten wir nur über unsere Schwächen SIEGEN.

Gedanken sind die Schöpferkraft, in der wir uns in Freiheit erschaffen können, was immer wir wollen oder nicht wollen. Doch so viele Menschen reden immer davon, was sie alles NICHT WOLLEN, und daher erleben sie immer, was sie NIE WOLLTEN! Gehören Sie auch zu diesen Menschen, dann ist JETZT die Gelegenheit da, dieses Verhalten bewusst zu ÄNDERN! VERÄNDERN Sie den Schmerz der Vergangenheit, indem Sie sich an die freudigen Dinge, z. B. in einer vergangenen Partnerschaft, ERINNERN, um so neues Glück in Ihr Dasein zu ziehen. Sie haben mit Sicherheit schon über Ihre Negativität GESIEGT. MACHEN Sie sich nun weiter zu einem SIEGER, und werden Sie zum wahren Gewinner!

Macht des Verstandes BeSIEGEN!

Abhängigkeit BeSIEGEN!

Im großen Ganzen SIEGEN!

Eigenen Kleingeist BeSIEGEN!

Negativität BeSIEGEN!

Selbstzweifel BeSIEGEN!

Angst und Unsicherheit BeSIEGEN!

Zwang nach äußerer Sicherheit BeSIEGEN!

Mit dem wahren Wesen SIEGEN!

Mit Liebe und Vertrauen SIEGEN!

Selbsthass BESIEGEN!

Wettbewerbsdruck BESIEGEN!

$$2 \times 4 = 8 \times$$

harmonisieren	harmonisieren
harmonisieren	harmonisieren
harmonisieren	harmonisieren
harmonisieren	harmonisieren

**

Alle Extreme müssen ausbalanciert bzw. ausgeglichen werden. Es ist ein dauerndes Spiel von Gegensätzen, die gegeneinander abgewogen werden müssen, um letztendlich in die bestimmende Mitte zu kommen. Aus dem Chaos entsteht der Wunsch nach Ordnung, und die innere Ordnung verschafft uns einen Überblick, so dass wir nicht im Geschehen gefangen sind, sondern in uns die Macht zur Neuordnung wahrnehmen.

Entwickelt sich etwas einseitig, so entsteht auf der einen Seite zu viel, und auf der anderen Seite entsteht gleichzeitig Mangel. Das Gesetz der Harmonie »verlangt« nach Ausgleich, denn das höchste Ziel der Schöpfung ist es, in Harmonie zu sein. Aus der Mitte betrachtet bekommt alles den gleichen Stellenwert.

HARMONISIEREN gleicht Unstimmigkeiten aus und stellt die ursprüngliche, göttliche Ordnung wieder her, bzw. es ist der geistige Befehl, wieder ein ausgeglichenes Sein erleben zu WOLLEN. Durch falsche Gedanken und

Erwartungen schaffen wir Missverhältnisse und bringen die »Dinge durcheinander«, bis wir den *Über*blick völlig verloren haben. HARMONISIEREN bewirkt und regt an, damit man sich im Großen und Ganzen in EINklang bringt. HARMONISIEREN bringt die Dinge wieder in den richtigen Rhythmus und stimmt sie aufeinander ab, wie ein optimal aufeinander abgestimmtes Orchester. Es bewirkt, dass jegliche Form von Disharmonie überwunden werden kann. HARMONISIEREN macht einen Prozess fließend und bringt alles in »Ein-Klang«!

Sagen Sie z. B.: »Opfer-Täter-Bewusstsein HARMONISIEREN.« Niemals ist die Begegnung zwischen Täter und Opfer willkürlich, sondern eine ungelöste, negative Erfahrung bringt diese zwei Menschen »*zu*fällig« zusammen. Ein Un-*Fall* ist noch nicht ausgeglichen! Aus der Ebene des Verstandes betrachtet, wird man Mühe haben, dies zu akzeptieren. Doch Opfer und Täter haben die gleiche negative Haltung gespeichert. Ein Täter fühlt sich oft als Opfer seiner Kindheit und der Gesellschaft, die ihn im Stich gelassen hat, und das Opfer hat sich selbst seiner Macht beraubt, indem es seine Kraft an die Tat eines anderen abgegeben hat.

»Ich verlasse mich auf dich!« Dieser Satz bedeutet: »Du bist ab jetzt verantwortlich, was aus mir wird!« Ist dies nicht eine schreckliche Vorstellung? Jeder Mensch ist ein Resonanzkörper, und so ziehen wir ständig die Dinge und Beziehungen an, die unsere vorhandene Disharmonie zum Ausdruck bringen. »Meine persönliche und wesentliche Situation HARMONISIEREN« deckt auf, wo ich mich selbst in Disharmonie mit meiner eigenen Wesenskraft befinde.

HARMONISIEREN Sie Ihre Gefühle, um wieder gefühls-betont zu HANDELN. Irgendwie träumt jeder von einem harmonischen Miteinander – BEGINNEN wir nun, mit dem Schalter HARMONISIEREN diesen Traum zu ver-wirklichen. Das Machtwort HARMONISIEREN deckt auf, wo Scheinharmonie gewahrt wird, weil man Streit und unangenehme Begegnungen befürchtet. Man lebt in scheinbarer Harmonie, während im Inneren bereits der Krieg tobt. Sich selbst zu HARMONISIEREN ist ein er-strebenswerter Zustand, weil man dann in sich selbst Frie-den gefunden hat!

Disharmonie im KÖRPER HARMONISIEREN!

Partnerschaft mit XY HARMONISIEREN!

Gruppendynamik HARMONISIEREN!

Körperform HARMONISIEREN!

Ernährung HARMONISIEREN!

Geist-Seele-Körper HARMONISIEREN!

Tätigkeit der Organe HARMONISIEREN!

Hormonsystem HARMONISIEREN!

Miteinander in der Familie HARMONISIEREN!

WUNDERN!

10x

wundern wundern
wundern wundern
wundern wundern
wundern wundern
wundern wundern

**

WUNDERN will mehr zulassen, als man gewohnt ist. Ist der Glaube an die eigene, einem innewohnende Göttlichkeit durch den Alltag verdeckt worden, dann kann man diese durch den Schalter WUNDERN wieder hervorholen. Man kann sich über vieles WUNDERN, doch das wirkliche Wunder geschieht durch das innere Selbst.

»Mich wundert gar nichts mehr!« Dieser Ausspruch macht deutlich, wie enttäuscht man durch seine eigenen Erwartungen an seine Mitwelt ist. Alles kann sich ändern, wenn wir uns auf uns selbst besinnen und uns innerlich wieder ganz bewusst auf das wahre Wunder des Lebens neu ausrichten. Im Verlaufe der Zeit haben wir gelernt, dass wir uns den Wünschen wichtiger Menschen unterordnen sollen. Doch dies ist einer der größten Irrtümer von falsch verstandener Nächstenliebe. Denn vernachlässigen wir uns, wird uns das Leben bestrafen, bzw. durch das Nichtbeachten unseres eigenen Wesens werden wir auch von außen nicht beachtet. Dies ist das Gesetz der

Resonanz. Wir brauchen uns über gar nichts mehr zu WUNDERN, wenn wir nicht bei uns selbst BEGINNEN. Geben wir also den wundersamen Geschehnissen wieder Raum, indem wir das Machtwort WUNDERN einsetzen. Lassen wir die Wunder zu, und öffnen wir uns wieder für die möglichen WUNDER!

Haben Sie Lust auf noch mehr kleine und große Wunder, dann befehlen Sie das WUNDER mit WUNDERN herbei. Und WUNDERN Sie sich ruhig, wenn das WUNDER geschieht.

»Eines Tages wirst du dich noch wundern!« Diesen Ausspruch haben schon viele gehört. Der Glaube an unsere eigene Größe hat die Kraft, Berge zu versetzen und diese Welt sichtbar zum Staunen zu bringen. Das Kleine wird groß, das Große wird klein! Sind wir bereit, wertfrei in allem die Größe der Schöpfung zu sehen, dann werden wir viele Wunder zu sehen bekommen.

Die Wunden und Verletzungen können heilen, wenn wir begreifen, dass wir uns selbst so vernachlässigt haben, dass wir uns nur noch über den Schmerz spüren und wahrnehmen. Gott heilt! In unserer geistigen Haltung bringen wir durch die bewusste Wahrnehmung unserer Göttlichkeit zum Ausdruck, wie viel wundersame Kraft wir zulassen. Je mehr Beschränkungen wir uns auferlegen, umso mehr beschränken wir unsere göttliche Kraft. Mit WUNDERN geben wir uns nun selbst die Chance, »über Nacht« geheilt zu sein.

GLAUBEN Sie an ein WUNDER? Nein? Probieren Sie es mit dem Machtwort WUNDERN, und machen Sie Ihren Alltag in jeder Hinsicht WUNDERvoll. Die größten

Wunder geschehen meist dann, wenn wir nicht darauf fixiert sind und warten. AKTIVIEREN Sie Ihr inneres Auge für das wundersame Geschehen, und staunen Sie über die wirklichen Wunder der Schöpfung. Ist es nicht ein WUNDER, wie unser Körper funktioniert? Ist es nicht ein WUNDER, dass Sie überhaupt leben? Ist es nicht ein WUNDER, dass Sie bei all diesen Schwierigkeiten noch LACHEN KÖNNEN? WUNDERN lässt Sie wirklich das Höchste in sich spüren, und nun lassen Sie sich von Ihrem WUNDER leiten! Benutzen Sie diesen Schalter am Arbeitsplatz, im Bus, im Supermarkt, einfach überall, und Sie werden weit mehr erleben, als Sie bis jetzt erkennen konnten.

Das wahre WUNDER geschieht nicht in der Kirche oder an äußeren Orten, sondern durch Sie selbst. Ich hatte als Kind immer einen – für andere unsichtbaren – Lehrer und Begleiter an meiner Seite, und da ich in einem religiös geprägten Umfeld heranwuchs, begegneten mir auch die Wundergeschichten von den Marien-Erscheinungen in Lourdes und Fatima, wohin jährlich so viele Menschen pilgern in der Hoffnung, ein Wunder zu erleben. Mein Begleiter sagte zu mir: »Da musst du nicht hingehen, denn das Wunder ist dort bereits geschehen, doch wenn du bei dir bleibst, wirst du das Wunder selbst erleben, denn nur so kannst zu es nicht verpassen. Wohin alle rennen, da ist es längst vorbei.« Dieser Rat ist mir immer gegenwärtig und hat mir in meinem Leben oft weitergeholfen. Menschen suchen Orte auf, um ein Wunder zu erleben. Vielleicht kann der innere Wunsch so stark aktiviert werden, dass das Wunder geschehen kann, aber letztendlich vermag nichts Äußeres ein Wunder zu bewirken. Man kann andere nur im WUNDERN anregen, wenn man selbst im Bewusstsein des Wunders ist.

In tatsächlicher Heilung WUNDERN!
WUNDER der tatsächlichen Liebe erleben!
Über die eigenen Selbstheilungskräfte WUNDERN!

MEIDEN!

9x

meiden   meiden   meiden
meiden   meiden   meiden
meiden   meiden   meiden
**   **   **

In vielen Situationen wissen wir, dass wir dies oder jenes NICHT tun sollten, und trotzdem sind wir mit diesem »das will ich aber NICHT« so besetzt, dass wir genau das tun und sagen oder so reagieren, wie es uns in Wahrheit nur wieder selbst schadet. Eine der schädigenden und am weitesten verbreiteten Unarten ist das Bewerten, Urteilen und Kritisieren. Wenn wir andere Menschen kritisieren, dann achten wir auf deren Mängel und Unzulänglichkeiten, und wir speichern ein negatives Bild von ihnen ab, oder aber wir halten an einem »guten Bild« fest, das genauso zum Zwang werden kann. Wir neigen also dazu, Menschen zu katalogisieren, indem wir diese mit Attributen belegen, um uns letztendlich selbst vor Enttäuschungen bewahren zu wollen. Aber alles ist ewige Veränderung, und daher ist der Stress schon vorprogrammiert. In Wahrheit wird uns diese kritische Haltung selbst schaden, denn was wir denken, das erhalten wir wieder zurück. Wir sollten daher, in unserem eigenen Interesse, jegliches Etikettieren MEIDEN, denn ansonsten werden wir nie dem wahren Wesen gerecht.

MEIDEN ist das Machtwort, das nicht ablehnt, aber das gleichzeitig das Negative in seiner Wirkung neutralisiert. Das Universum fragt nicht, ob ein Gedanke positiv oder negativ ist, oder ob ich für mich oder für jemand anderen denke. Was wir denken, das wird zu unserer Realität werden müssen. – Haben Sie auch schon festgestellt, dass Sie etwas unbedingt loshaben wollten, und trotzdem haben Sie dies vermehrt und verstärkt angezogen? Versuchen Sie einmal, NICHT an etwas zu denken! Sie werden feststellen, dass Sie nur noch DAS denken. Es scheint wie verhext. Wenn Sie nun erkannt haben, was Ihnen in Wahrheit schadet, so könnten Sie das Codewort MEIDEN einsetzen.

VerMEIDEN Sie jegliches Bewerten, und Sie sind in der Lage, alles frei und als gleichwertig zu erkennen. Haben Sie sich selbst auch schon sagen hören: »Es lässt sich nicht vermeiden, dass mein Chef sich einmischt!«, und haben Sie sich so gefühlt, als würde Ihnen jemand die Suppe versalzen? Wir verMEIDEN bestimmte Äußerungen und ziehen dennoch Unannehmlichkeiten an. VerMEI-DEN Sie es, an das Negative zu denken. MEIDEN ist das Machtwort, das dem Unangenehmen die Kraft entzieht. MEIDEN Sie Ihre »Vor-Urteile«! MEIDEN Sie jegliche Form von Ablehnung! Ihr Verstand wird sich in diesem Moment weigern, das zuzulassen, denn er ist der General, der Ihre Streitkräfte befehligt. Doch machen Sie mit MEIDEN einmal ganz neue Erfahrungen! Erleben Sie selbst, was MEI-DEN vermag, und setzen Sie das Machtwort MEIDEN ein, wenn Sie feststellen, dass Sie in einer Gruppe von Menschen sind, die andere kritisieren und sich dadurch aufbauen, dass sie andere niedermachen. Die Gefahr, dass Sie in diese zerstörerische, ungesunde Energie hineingezogen werden, ist sehr groß und fordert Sie auf – Ihnen und den anderen zuliebe – ein Machtwort zu sprechen!

Kritisieren MEIDEN!

Vorurteile MEIDEN!

Rächen MEIDEN!

Diskutieren MEIDEN!

Etikettieren MEIDEN!

Streiten MEIDEN!

Ärgern MEIDEN!

Beharren MEIDEN!

Zweifeln MEIDEN!

Ausgrenzung MEIDEN!

Mobbing MEIDEN!

Überheblich sein MEIDEN!

SEHEN!

10x

sehen   sehen
sehen   sehen
sehen   sehen
sehen   sehen
sehen   sehen

**

Was nützen Augen, wenn das Herz blind ist?

SEHEN aktiviert die Sichtweise der Seele, öffnet also den Blick für das Wesentliche. Nicht jeder kann SEHEN, was ein anderer sieht, weil die eigene Sichtweise zu sehr durch die bildhafte Vorstellung der eigenen Gedanken beschränkt ist. SEHEN ist der Schalter, der das »dritte Auge« hinzuschaltet, um mehr SEHEN zu können, als die Gedanken zulassen würden. Es ist ein wunderbares Erlebnis, wenn einem SEHEN und HÖREN vergeht und man das Unbeschreibliche zu sehen bekommt, das niemals in Worte gefasst werden kann.

SEHEN Sie SELBST, was das Leben aus Ihnen macht! Würden Sie auch gerne hellSEHEN können? Eigentlich kann das jeder Mensch, wenn er seine negative Sicht gemeistert hat. Es gibt allerdings viele so genannte Hellseher, die eher »Schwarz-Seher« sind: Weil die Menschen Angst vor der

Zukunft haben, weil sie in der Vergangenheit schlechte Erfahrungen gemacht haben, suchen Sie Rat bei Hellsehern, die ihnen genau ihre Befürchtungen bestätigen. Nach einer ganzheitlichen Beratung von 90 Minuten sagte beispielsweise eine Ratsuchende einmal zu mir: »Nun sagen Sie mir doch noch die negativen Dinge, die ich zu erwarten habe!« Ein wahrer »Hell-Seher« wird Ihnen aber helfen können, Ihre gegenwärtig negative Haltung zu ändern, so dass die Befürchtungen der Zukunft JETZT ins Positive GEWANDELT werden können.

Fragen Sie sich: Wie ist Ihre Sicht der Dinge? SEHEN ist das Machtwort, das das »dritte Auge«, also das geistige Auge der Weisheit, wieder zu ÖFFNEN vermag. SEHEN Sie selbst, wer Sie sind! Die meisten Menschen sind blind, weil sie nur SEHEN können, was sie denken. Ja, es ist sogar so, dass die Menschen nur glauben, sie hätten etwas gesehen. Fragt man sie: »Was hast du gesehen?«, dann können sie dies meist nicht beantworten, und sie sind verzweifelt, weil sie sich nicht erinnern können, was sie zu SEHEN glaubten.

Der Mensch sieht, gemäß seinen – im Gehirn verankerten – gedanklichen Bildern, und so ist das, was er sieht, nicht die volle und ganze Wirklichkeit. Der größte Teil der Menschheit ist folglich blind, weil er nur das sieht, was man ihm gesagt hat. Wir denken an einen Apfel, aber SEHEN wir wirklich auch einen Apfel? Wir denken an die Farbe Rot, doch SEHEN wir nun rot, oder denken wir an etwas Rotes? Weil wir mit Bildern besetzt sind, sind wir also nicht mehr in der Lage, das Wirkliche zu SEHEN. Die Menschen sind fixiert auf die fest gespeicherten Bilder, die in ihren Köpfen sind, und suchen dafür Bestätigung. Wir sind z. B. besetzt mit einem Bild von einem anderen Menschen und halten daran fest. Solange wir dies aber tun, sind wir nicht in der Lage, wirklich zu sehen, denn alles ist in ständiger Veränderung und nichts bleibt gleich. Was jedoch leider oft bleibt, ist die beschränkte Sichtweise der Menschen: »Ich habe dieses Bild von dir, und du musst dem irgendwie entsprechen.« Verändert sich nun ein Mensch in seinem Wesen, so kann man das alte Bild nicht weiter aufrechterhalten. Doch wir speichern, wie gesagt, Menschen, Zustände und Situationen mittels Bildern, auf die wir immer wieder zurückgreifen. So NUTZEN wir nur die archivierten Erfahrungen der Vergangenheit und merken nicht, dass wir rückständig sind. Das alte Bild verhindert zudem ein erneutes SEHEN im fortgeschrittenen Sinn und zeigt, dass ein Mensch in der Vergangenheit stehen geblieben ist. VERÄNDERN Sie sich, und kein Mensch kann sich wirklich ein Bild von Ihnen machen, denn kaum glaubt dieser, Sie zu kennen, treten Sie bereits in gewachsener und erweiterter Form wieder neu auf. WACHSEN bedeutet stetiges VERÄNDERN, und nur der wahrhaft SEHENDE wird dies in vollem Umfang SEHEN KÖNNEN.

Wenn Sie denken, Sie seien so, wie Sie von Ihren Freunden und Feinden gesehen werden, so kennen Sie sich offensichtlich selbst noch nicht!

Unbewusste Menschen sind ständig darum bemüht, das Bild zu korrigieren, von dem sie glauben, das es andere von ihnen haben könnten. »Ich bin nicht so schlecht, wie du mich siehst!« Das Bemühen um gutes Ansehen zeigt nur die erbärmliche Abhängigkeit von wichtig scheinenden, aber nicht wirklich wichtigen Menschen. Wie oft haben Sie sich selbst schon erlebt, wie Sie auf die Aussage von einem Menschen reagieren, der sich über Sie negativ geäußert hat, obwohl dieser noch nie mit Ihnen persönlich gesprochen hat?

Wir SEHEN die Menschen meist nicht so, wie sie sind, sondern wie wir selbst sind. »Wie siehst du mich?« Diese Frage ist bereits eine Falle, die man sich selbst stellt. Wenn es uns wichtig wird, wie andere uns sehen, dann versuchen wir bereits, dem Bild eines anderen zu entsprechen.

SEHEN ist der Schalter, der den klaren und wertfreien Blick wieder aktiviert. SEHEN ist das Codewort, das uns wirklich hilft, wieder SEHEND zu sein. SEHEN aktiviert die ÜberSICHT und hilft uns, mit EinSICHT die Weit-SICHT zu bewahren! Das Wesentliche ist nicht mit Worten zu beschreiben, und so kann auch der Zustand von Erleuchtung nicht beschrieben werden, um dem Unsicheren ein Bild zu vermitteln, nach dem er streben könnte.

In den wesentlichen Dingen SEHEN wir erst, wenn wir es getan haben und wissen, was wirklich dahinter steckt.

Die Wahrheit SEHEN!

Sich selbst SEHEN!

Die eigenen Handlungen SEHEN!

Das Wesentliche SEHEN!

VERLERNEN!

4 x

verlernen   verlernen   verlernen   verlernen

VERLERNEN Sie den Unsinn, den man Ihnen beigebracht hat!

Wir sind besetzt von falschen Vorstellungen, die uns von Menschen beigebracht wurden, die ebenfalls falsch besetzt sind. Jegliche Angst basiert auf einem Irrtum im Denken. Angst ist die Basis von falschen Überlegungen und negativen Erwartungen. Einer der größten und verheerendsten Irrtümer ist der, dass wir uns vom Lob und der Wertschätzung anderer abhängig gemacht haben. Ein Beispiel: Jemand sagt zu Ihnen: »Du siehst heute gut aus, heute gefällst du mir besser als beim letzten Mal.« Schon fühlen Sie sich besser, weil ein anderer gesagt hat, dass Sie sich verbessert haben. Unser Tag ist gerettet, weil ein anderer sagt, wir wären schön. Doch der gleiche Mensch sagt morgen zu Ihnen: »Heute gefällst du mir aber gar nicht!« – Und schon ist Ihr Tag verdorben, und Sie beginnen bereits, wieder an sich selbst zu zweifeln. Weil ein anderer unser Tun und unser Aussehen bewertet, werten wir uns also selbst auf oder ab. Dies führt dazu, dass wir tagtäglich gierig und unersättlich nach Bestätigungen suchen. Doch ein Süchtiger findet nie Befriedigung, weil er aus einem tiefen Mangelbewusstsein heraus handelt.

*Selbst*süchtig finden wir uns nicht im anderen, sondern nur, wenn wir uns selbst finden.

Uns wurde gelehrt, dass wir dem Bild anderer Menschen (Eltern, Lehrer, Chefs, Partner, Kinder usw.) entsprechen müssen. Was für eine Qual, wenn Sie so sein müssen, wie ein anderer Sie gerne sieht. Man hat uns »süchtig« gemacht! Wir sind süchtig nach Komplimenten, nach Erfolg, nach Bestätigung, nach Liebe, nach Lob, nach Reaktion, nach Nähe, nach dem Leben – und so finden wir kaum Befriedigung, denn kaum hat der Süchtige seinen Stoff bekommen, genießt er diesen für einen kurzen Augenblick, und schon beginnt die Suche nach Befriedigung erneut. Man hat uns eingeredet, die Meinung anderer Menschen wäre für uns überlebenswichtig. Wir wurden und werden besonders in der Kindheit von Menschen abhängig gemacht. Weil Abhängige aber nichts anderes weitergeben können als Abhängigkeit, ist den Eltern kein Vorwurf zu machen. Doch indem Sie sich dieser Sache nun bewusst werden, können Sie von jeglicher Sucht geheilt werden.

Warten Sie mit Sehnsucht auf eine Reaktion (Rückruf, Antwort)? Beschäftigt Sie das, was ein anderer über Sie gesagt hat? Die meisten Menschen suchen mit Eifer und Leidenschaft und ernten doch immer nur Schmerz und Enttäuschung. **Wer im Außen sucht, findet immer das Falsche.** Wann haben wir dieses zwanghafte Spiel endlich satt? Ein Süchtiger kennt keinen Genuss, sondern nur ungestillten Hunger. Als Kind sollten wir die Dinge entdecken und nicht auf Personen fixiert sein. Kann Ihr Kind z. B. nicht ohne Sie sein, so ist es bereits abhängig von Ihrer Anwesenheit. Es braucht bereits Ihre Bestätigung, ansonsten bekommt es es bereits mit der Angst zu tun. Ein Süchtiger braucht die anderen zu seiner Befriedigung! Wir geraten in Panik, wenn wir von anderen nicht bekommen, was wir doch so dringend brauchen, und daher suchen wir verzweifelt nach einem Menschen, der uns endlich gibt, was wir brauchen. Wir tun in solchen Momenten fast alles, um zumindest eine Reaktion zu bekommen – egal ob diese letztendlich negativ ist. Irgendwie wollen wir betrogen werden; so schrecklich dies auch klingt. VERLERNEN Sie dieses Muster!

VERLERNEN Sie Ihre Abhängigkeiten, um endlich dem wahren Glück zu begegnen. Wir hassen es, dass wir andere brauchen – und doch sind wir auf der anderen Seite froh, wenn wir gebraucht werden, denn dadurch glauben wir, eine Bestätigung für unser Dasein zu erhalten. Welch ein Irrtum! Vielleicht regt Sie diese Tatsache JETZT gerade auf, dann BEGEGNEN Sie nun Ihrem Schmerz. Lassen Sie diesen zu, denn er ist heilsam und führt zu wahrem Bewusstsein. Jegliches ERWACHEN ist mit Schmerzen verbunden, aber Sie werden es zu VERSCHMERZEN WISSEN... Der Weg zu wahrem und ewigem Heilsein führt über die Erkenntnis unserer Irrtümer, die Wahrheit befreit, nur der Irrtum schmerzt. VERLERNEN wir unsere vergebliche Suche im Außen, und kehren wir lieber zu uns selbst zurück.

Uns wurden so viele Irrtümer beigebracht, dass wir nicht mehr wirklich wissen und unterscheiden können, was dem eigentlichen Lebensgesetz entspricht. Die meisten Lehrer sind verbohrt und erwarten, dass man ihnen bedingungslos glaubt, denn ansonsten befürchten sie, würden sie in ihrer Rolle als Lehrer in Frage gestellt. Jeder ist auf seine Art ein Lehrer, so ist die Mutter eine Lehrerin für ihre Kinder, der Vater ein Vorbild für seine Kinder, und dann gibt es ja noch die vielen verschiedenen Lehrer in der Schule und später im Beruf. Jeder vermittelt, was er für sich selbst begriffen hat. Je sturer aber ein Lehrer ist, umso unsicherer ist er in Wahrheit. Eigentlich sind wir unser eigener Lehrer, denn wir lernen am meisten durch unsere Erfahrungen. *Ich kann von mir sagen, dass ich immer dann, wenn ich lehre, selbst am meisten lerne!*

Aus den Erlebnissen können Erkenntnisse hervorgehen, die uns zum Umdenken veranlassen. Unsere Erfahrungen zeigen uns unser Denkmuster und das dementsprechende Verhalten im Alltag. Um dem inneren Lehrer wirklich wieder zu begegnen, ist es wichtig, dass wir die eingetrichterten Denkweisen VERLERNEN. Das, was an Wissen und Weisheit wesentlich ist, wird bleiben, und das andere wird sich in Nichts auflösen, so dass wir viel freie Kapazität für neue geistige Kreationen schaffen. VERLERNEN bringt kreative Leere, durch die neue Fülle entstehen kann.

Sind Sie sich nicht sicher, ob Sie die Lehre eines anderen annehmen können, so sagen Sie 4-mal VERLERNEN, und plötzlich wird Ihnen klar, was wirklich richtig ist und was nicht stimmt. Viele Menschen sind aufgefordert, bestimmte Ausbildungen wieder zu VERLERNEN, damit sie die Wahrheit NUTZEN können. Mit dem Schalter VERLERNEN können wir alles unnütze Wissen wieder löschen und die unliebsamen geistigen Besetzungen bereinigen. Auch stehen uns oft bestimmte Verhaltensweisen im Weg und weil wir »es nur so gelernt haben«, ecken wir damit auf unangenehme Weise an und erleben Ablehnung und

Ausgrenzung. VERLERNEN ist auch hier der Schalter, um solche Unarten und Zwänge wieder aufzuheben.

Jede Form von Angst ist ein irregeleiteter Gedanke, der uns von anderen ängstlichen Mitmenschen eingepflanzt wurde und der beständig durch die Furcht genährt wird. Angst und Furcht sind aber lähmende Geisteshaltungen, die uns das Leben verderben, und daher müssen wir diese dringend VERLERNEN! Sie werden dabei den inneren Instinkt und die gesunde Wachsamkeit nicht verlieren, sondern sie sogar viel besser SPÜREN und UMSETZEN können.

Lehre über ... VERLERNEN!

Ausbildung über ... VERLERNEN!

Unart VERLERNEN!

Dogma über ... VERLERNEN!

Angst vor Existenzverlust VERLERNEN!

Spielsucht VERLERNEN!

Gefallsucht VERLERNEN!

Sucht nach Liebe VERLERNEN!

Angst vor dem Leben VERLERNEN!

Eifersucht VERLERNEN!

Zwänge durch falsche Erziehung VERLERNEN!

VERLERNEN ist also ein Schalter, der uns helfen kann, etwas zugunsten eines Besseren zu ERREICHEN. Viele Ausbildungen haben das Ziel, bestimmte Systeme aufrechtzuerhalten, obwohl dringend eine Veränderung angezeigt ist. Man weiß es bereits besser, und trotzdem lehrt man das Alte weiter. Um einer neuen Lehre der Weisheit Platz zu machen, müssen unbedingt bestimmte Lehren VERLERNT werden. Sicherlich ist nicht alles falsch, aber doch leben wir in vielen Halbwahrheiten, und darum ist kaum ein wirklicher Fortschritt zu sehen. Das Alte steht dem Neuen oft im Weg. Wir sind umgeben von »halben Sachen«, und diese besetzen unsere Handlungsweisen, so dass wir die günstige Zeit und die damit verbundenen Möglichkeiten, nämlich die Gegenwart, nicht voll ausschöpfen können. VERLERNEN ist der Schalter, der veraltete und überholte Denkweisen bereinigt, so dass das Wesentliche ungehindert erkannt werden kann.

VERLERNEN Sie das, was Ihnen in Ihrer Kindheit beigebracht wurde. Das Wesentliche wird bleiben, das Unzulängliche kann durch das Machtwort VERLERNEN gelöscht werden.

Wenn wir in diese Welt kommen, dann bringen wir den Lebensplan unserer Seele mit. Dieser ist in der rechten Gehirnhälfte (weibliche Seite, Gefühle, Intuition) gespeichert. Immer wenn Gefühle ins Spiel kommen, wird das seelische Programm wach, und die erlebten Geschichten der Vorleben bringen – für den Verstand unverständliche – Reaktionen hervor. Ein Kind z. B. denkt nicht, es fühlt.

Die linke Gehirnhälfte (männliche Seite, rationales Denken, Handeln) ist dagegen vollständig leer, also ein unbeschriebenes Blatt. Im Verlaufe des Erwachsenwerdens wird die linke Festplatte mit den Gedanken der Mutter, des Vaters, der Lehrer, der Mitwelt beschrieben. Uns wird beigebracht, was wir zu denken haben. Da gibt es also wirklich viel zu VERLERNEN, wenn wir nicht weiter durch die Befürchtungen anderer am Leben gehindert werden wollen.

VERLERNEN Sie, was nicht wirklich zu Ihnen gehört, und Ihr Geist kann sich endlich in seiner wahren Größe ZEIGEN!

VERÄNDERN!

6x

verändern   verändern
verändern   verändern
verändern   verändern

**

»Wer dauerhaftes Glück will, muss sich stets
verändern!« Konfuzius

Die einzige VERÄNDERUNG, die es wirklich wert ist, angestrebt zu werden, ist die VERÄNDERUNG des Herzens. Nur das Zulassen von Liebe wird die Welt VERÄNDERN. Ständig wird versucht, Menschen in eine bestimmte Richtung zu VERÄNDERN, und man begreift nicht, dass wahre VERÄNDERUNG nur durch die eigene Bewusstheit und somit durch das unerlässliche Einbeziehen der bedingungslosen Liebe möglich ist. Nur wirkliches Bewusstsein wird eine tatsächliche (Selbst-) VERÄNDERUNG bringen. Viele Menschen versuchen aber, künstlich eine Veränderung zu erzwingen, indem sie ihr Heim, ihren Arbeitsplatz, ihren Wohnort, ihr Aussehen zu verändern suchen, weil sie im Irrtum leben, dass die äußere Gestaltung über ihren Erfolg bestimmt. Doch jeder dieser Veränderungsversuche wird wieder enttäuschen, weil er nicht das Innere zu VERÄNDERN vermag, sondern nur eine kleine Anregung dazu sein kann.

Die VERÄNDERUNG durch »Selbst-Erkenntnis« wird allerdings automatisch Veränderungen im Außen bewirken, denn Bewusstheit bringt VERÄNDERUNG, die andere Umstände anzuziehen vermag. Das Leben ändert sich für den bewussten Menschen an »Ort und Stelle«. Doch nur allzu oft sieht man, wie Menschen Wissen für Bewusstsein halten, obwohl ihre Realität ein Zeichen ständiger Unbewusstheit zeigt. Um Bewusstheit erlangen zu können, müssen Sie zu Ihrem wertfreien Beobachter werden. Sie werden selbst erkennen, wo Sie sich nicht wirklich entsprechen und wo Sie in die Fallen des Egos laufen. »Wenn du dich änderst, dann ändere ich mich auch!« Irrtum! Wahre VERÄNDERUNG geschieht immer nur durch uns selbst. Ihr Energiefeld wird ein anderes, und so kann Ihre Mitwelt durch Sie auch anders sein, und durch die Kraft Ihrer Veränderung wird Ihre Mitwelt VERÄNDERT auf Sie reagieren.

Tatsächliche VERÄNDERUNG führt zu intensiveren Beziehungen in der Familie, in der Partnerschaft und im Tätigkeitsbereich. Es geschieht sozusagen von SELBST. Es können nur zwei Dinge geschehen, nämlich echte Beziehung oder aber der andere, der Ihrem wahren Wesen nicht entspricht, verlässt Ihr Leben. Negative Menschen trennen sich selbst vom Guten, man muss also niemanden wegschicken. ÄNDERN Sie einfach Ihr Gedankengut, und ACHTEN Sie dabei auf Ihre Gefühle, um zu erkennen, ob Sie »richtig liegen«.

ÄNDERN bewirkt, dass das, was falsch läuft, in die ursprünglich richtige Situation gebracht wird. Beispiel: Ihnen ist eine Mücke ins Auge geflogen. Nun wollen Sie, dass Ihr Auge wieder »mückenfrei« ist, dann sagen Sie:

ÄNDERN. Spüren Sie einen körperlichen Schmerz, so setzen Sie das Machtwort ÄNDERN ein und SCHAUEN einfach, was passiert.

Sie können Ihr ICH nicht ÄNDERN, sondern nur VERÄNDERN. VERÄNDERN bewirkt, dass man sich im Großen und Ganzen weiter entwickeln will und zu einer ganzheitlichen VERÄNDERUNG bereit ist, ohne sich jedoch dafür im Sinne der anderen zu ÄNDERN oder ohne dass man ein anderer werden müsste. »Ich bin, der ich bin!« Im Wesentlichen sind wir vollkommen, doch wir haben uns in der »mangelhaften« Form erschaffen, um den Prozess der VERÄNDERUNG in einer neuen, vollkommeneren Form zu erfahren. Eine tatsächliche VERÄNDERUNG bringt uns in eine höhere Schwingungsfrequenz, und dadurch steigert sich unsere Lebensqualität automatisch.

Wir sind hier in dieser Welt der Formen und des materiellen Ausdrucks, um die Macht unseres wahren und wirkenden Geistes zu erleben. Wir haben für uns bestimmte Lebenssituationen gewählt, die wir mit der Macht unseres Geistes im besten Sinn VERÄNDERN wollen (wollten). VERÄNDERN ist das Machtwort, das die Kraft in uns anregt, uns aus uns selbst heraus zu VERÄNDERN!

Lebenssituation in der Familie / am Arbeitsplatz / in der Gesellschaft VERÄNDERN!

Lebensprogramm VERÄNDERN!

Eigene Persönlichkeit VERÄNDERN!

OFFENBAREN!

7x

offenbaren   offenbaren
offenbaren   offenbaren
offenbaren   offenbaren
offenbaren

**

Eine OFFENBARUNG ist die freie ÜBERsicht über ein ganzes Geschehen. Für den Betrachter OFFENBART sich das Leben in einer viel verständlicheren Art und Weise. Eine OFFENBARUNG ist gleichzeitig Ein- und Weit-Sicht und erlaubt es uns, die Geburt der Wesenskraft in allem zu entdecken. Der Verstand ist offenbar nicht in der Lage, mehr zu erkennen, als er selbst nachvollziehen kann. Der größte Teil der Menschen läuft mit geöffneten (oder anders gesagt: mit weit aufgerissenen) Augen, aber mit verschlossenem Geist durchs Leben und sieht dabei das Naheliegendste nicht. Nur ein wacher Geist ist fähig, wirklich zu SEHEN. Da wir die Wahrheit zudem häufig bei anderen suchen, sehen wir nicht klar, sondern werden durch das, was der andere sieht, noch mehr verwirrt, und wir zweifeln an unserer eigenen Sichtweise. Obwohl wir selbst SEHEN KÖNNEN, trauen wir unseren Augen nicht. Wir sind aufgefordert, unseren Blick auf uns selbst, also nach innen zu richten, um uns selbst zu sehen.

OFFENBAREN zeigt unser Bestreben, dass sich alles offen zeigt, was wirklich ist und was der unverfälschten Wahrheit entspricht! In der Offenbarung erkennen wir alle Zusammenhänge und jede enthaltene, aktive Wirkung! OFFENBAREN öffnet die Sicht, damit sich verschlüsselte Situationen und Ereignisse in ihrer vollen Ganzheit zeigen, so dass wir uns von der Manipulation von Halbwahrheiten und Geheimniskrämerei befreien können. Viele Fehlurteile und Vorurteile basieren auf Halbwahrheiten und auf Vermutungen, was unsere Sicht behindert. Wir haben uns auf die Informationen verlassen, die uns durch andere zugetragen wurden. Das Problem dabei ist, dass wir nur allzu oft das Negative speichern und dadurch die Ganzheit eines Ereignisses oder einer Lebenssituation nicht mehr erkennen können. Halbwahrheiten halten uns also gefangen und lassen uns die Dinge nicht wirklich beenden, damit wir uns selbst in einer größeren Selbstverständlichkeit von Liebe und Mitgefühl neu begegnen könnten.

Wir könnten wahrhaftige OFFENBARUNGEN erleben, wenn wir nicht weiter vom »falschen Glauben« besetzt wären. Offenbar sieht man das Naheliegendste nicht, weil man mit seinen Gedanken abwesend ist. OFFENBAREN ist hier der Schalter, der uns hilft, JETZT zu SEHEN, JETZT zu ERKENNEN, JETZT zu BEGREIFEN, weil alles offen vor uns liegt. Kein Geheimnis kann dann mehr aufrechterhalten werden. (Wer Geheimnisse hütet, wird vom Geheimnis bestimmt und bleibt genau dadurch stecken und kann sich nicht weiter entwickeln.) OFFENBAREN ist das Machtwort, das bewirkt, dass wir die wirkende Wirklichkeit

SEHEN KÖNNEN und dass wir uns von der blendenden
Illusion HEILEN KÖNNEN.

Gefühle OFFENBAREN!

Eigene Wesenskraft OFFENBAREN!

Göttliche Kraft OFFENBAREN!

Fähigkeit zu ... OFFENBAREN!

Das Wesentliche in der Sache ... OFFENBAREN!

Wahrhaftigkeit OFFENBAREN!

10x

fühlen	fühlen	fühlen	fühlen	fühlen
fühlen	fühlen	fühlen	fühlen	fühlen
**	**	**	**	

SEHEN – HÖREN – FÜHLEN, und Ihnen OFFENBART sich das Wesentliche!

FÜHLEN Sie sich glücklich? Oder ist Ihr Glück beDINGt und daher von äußeren Dingen abhängig? Wir stellen uns vor, was wir brauchen, damit wir glücklich sein könnten. Wir sind besetzt mit Vorstellungen, was unser Partner für uns tun muss, damit wir uns glücklich fühlen können. Ganz nach dem Motto: »Wenn du mir nicht gibst, was ich brauche, weigere ich mich, glücklich zu sein!« Wir fordern Sicherheit im Gefühl und sind selbst so leicht zu verunsichern... Ich kenne wirklich viele Menschen, die bereits an der Liebe zweifeln, wenn ihr Partner einmal nicht wie gewohnt anruft. Wie viele rufen sich zwischendurch an, nur um zu fragen: »Hast du mich nicht vergessen, liebst du mich immer noch?« Wir befassen uns mit den Gefühlen unseres Partners aber nur, weil wir wissen wollen, was er für uns fühlt. Dabei fühlen wir den anderen nicht, und so leben wir leider gefühlsmäßig aneinander vorbei.

Ist es nicht ausgesprochen wohltuend, wenn Sie wahres Mitgefühl erleben? Ist es nicht wunderbar, wenn ein

Mensch sich in Ihre Situation hineinfühlt, aber ohne Sie zu bedauern oder zu beneiden? FÜHLEN Sie sich, dann FÜHLEN Sie Ihr Gegenüber, und anschließend genießen Sie dieses wunderbare Gefühl, ohne dass Sie etwas tun müssten. Sobald ein Gefühl in Ihnen entsteht, Sie müssten etwas dafür tun, dass der andere sich besser fühlt, sind Sie bereits im Irrtum. Sie können nicht wirklich etwas dafür tun, dass sich jemand gut fühlt, das kann jeder nur für sich selbst tun. Fordert ein Mensch von Ihnen ein bestimmtes Tun und verlangt er ein bestimmtes Verhalten von Ihnen, damit er sich wohl fühlen kann? Dann haben Sie einen Süchtigen vor sich, der Stoff für seine unstillbare Sucht will. BEGINNEN SIE JETZT, und verMEIDEN Sie die Suchtbefriedigung, denn Sie und auch der andere werden dabei unglücklich enden. Alles, was Sie für einen anderen tun können, ist, diesen in seinem Gefühl zu verstehen und ihm gleichzeitig zuzutrauen, dass er sein unglückliches Gefühl endlich – mit Hilfe Ihrer Bewusstheit – HEILEN kann. Wahres Mitgefühl klingt daher so: »Ich weiß, dass du dies meisterst!«

Wir müssen auch wieder ein Gefühl für uns selbst bekommen, um mehr gefühlsbetonte Beziehungen leben zu können. FÜHLEN ist ein wichtiges Machtwort, das bei jeder Form von Realisierung unerlässlich ist, denn was nicht gefühlt wird, kann auch nicht werden. FÜHLEN ist also der Schalter, der Ihnen hilft, Klarheit über Ihre Gefühle und somit auch über den Zustand Ihrer Denkweise zu bekommen.

»Ich fühle gar nichts mehr!«, »Ich weiß nicht, was ich wirklich fühle!« oder »Wie weiß ich, was das richtige

Gefühl ist?« Diese Grundhaltungen sind weit verbreitet. Wir sind beeinflusst von außen und dadurch häufig verwirrt, weil wir VERLERNT haben, unserem eigenen Gefühl zu vertrauen. Unser Gefühl wurde uns ausgeredet, und wir wurden aufgefordert, uns mehr auf den Verstand zu verlassen. Gefühle werden als Illusion abgetan und unterdrückt. Doch so schließen wir gerade das wichtigste Instrument aus, das uns in Wahrheit den Weg zum dauerhaften Glück weisen kann. So viele Menschen vermissen ihr Gefühl oder leiden unter der weit verbreiteten Gefühllosigkeit. Es wird beschlossen, was praktisch scheint, und man vergisst den Menschen, die Seele – und so kann dies nie zu wirklicher Freude und Erfüllung führen. Die größten Leidensgeschichten entstehen, weil wir unserem Gefühl keinen Raum geben und so unter großen Druck geraten. Das Gefühl ist die Kommunikation mit der Seele.

Wenn wir aber unser Gefühl unterdrückt haben, EMPFANGEN wir Gefühlskälte und erleben einen verstärkten Mangel an Mitgefühl. Dadurch erschaffen wir eine erneute gefühlsmäßige Leere. Denn wir sind Resonanzwesen, und so ziehen wir an, was in uns AKTIVIERT ist!

Wollen Sie wissen, wie sich ein bestimmter Mensch fühlt? So versuchen Sie es mit dem Schalter FÜHLEN!

Ihr Gefühl zeigt Ihnen den Weg zum Paradies auf Erden! Es ist Ihr bestes Navigationssystem auf dem Weg zum vollkommenen Glück. Denken Sie daran, Ihre Seele will die Vollkommenheit der EINheit ERREICHEN, um so unbegrenztes Glück und All-Liebe zu erleben und um darin dauerhaft zu sein. SCHAUEN Sie IMMER wieder, wie sich etwas für Sie anFÜHLT! AKTIVIEREN Sie Ihr Gefühl wieder! Viele Menschen sind enttäuscht und mutlos, und man hört sie sagen: »Ich fühle gar nichts mehr, es ist alles in mir gestorben.« Dies zeigt, dass man nicht mehr mit seiner Seele verbunden scheint. Mit dem Schalter FÜHLEN aktiviert man diese Verbindung aber wieder, und es wird alles spürbar besser!

FÜHLEN ist der Schalter, den Sie betätigen, wenn Sie jemanden wirklich berühren wollen. Haben Sie oft das Gefühl, man würde Sie gar nicht hören, und man würde Sie überhaupt nicht spüren? Wenn dem so ist, haben Sie in sich das Muster »Man fühlt mich nicht; man überhört mich; jeder ignoriert mein Gefühl« gespeichert. Um dieses Muster umzuWANDELN, sollten Sie jeden Morgen Folgendes programmieren:

»Heute berühre ich jeden Menschen, der mir begegnet, mit meiner Botschaft im Geist und im Herzen!«

Sie bestimmen also, dass Sie mit allem, was Sie sind, ankommen. Dem Gegenüber bleibt es freigestellt, was es mit Ihrer Botschaft anfangen will – Botschaft bedeutet an dieser Stelle: alles, was Ihr Wesen im Ganzen ausmacht.

FÜHLEN ist das Machtwort, das bewirkt, dass wir wieder in unserem Gefühl sind. So ziehen wir verstärkt Menschen an, die mit Ihrem Gefühl übereinstimmen. Ist es nicht absolut wunderbar, wenn wir MITEINANDER unsere Gefühle TEILEN KÖNNEN, und ist es nicht einer der schönsten Momente, wenn ein Mensch Ihnen seine Gefühle OFFENBART? Mit dem Machtwort FÜHLEN setzen wir solche Prozesse in Gang. Mit FÜHLEN ÖFFNEN Sie Ihr »seelisches Gehör«, und Sie können Ihre und die Botschaft anderer Wesen HÖREN. Wer nicht HÖREN kann, muss FÜHLEN. Strecken Sie JETZT Ihre Fühler aus: Mit dem Schalter FÜHLEN beginnt der Frühling, und Ihr ERWACHEN wird zu einem großen Fest.

Wahrheit FÜHLEN!

Glück FÜHLEN!

Meine Partnerin / meinen Partner FÜHLEN!

Mein Kind FÜHLEN!

Natur FÜHLEN!

Lebenskraft FÜHLEN!

Die richtige Antwort FÜHLEN!

XY FÜHLEN!

BESCHÜTZEN!

$$2x3=6x$$

beschützen   beschützen
beschützen   beschützen
beschützen   beschützen

**

Schützen heißt, sein Territorium gegenüber einem anderen Menschen zu verteidigen, und daher zeigt schützen eine negative Grundhaltung an, weil man sich bereits für den Kampf rüstet. Jeder, der sich schützt, lebt also in der Angst, und daher wird trotz aller Sicherheitsmaßnahmen das Befürchtete geschehen müssen. Ein Gedanke, der durch ein Gefühl oder eine Emotion genährt wird, muss sich tatsächlich in sichtbarer Form erfüllen. Je mehr sich daher jemand schützt, umso stärker wird er sich behindern und einschließen, er kann sich gar nicht mehr frei bewegen. BESCHÜTZEN hingegen errichtet eine sich drehende Lichtsäule (hellgrün-goldenes Licht) um Sie herum, so dass die negativen Energien aus Ihrem persönlichen Lebensbereich ferngehalten werden können. Die Negativität findet sozusagen keinen Eingang.

Immer, wenn Sie sich in Bereiche begeben, die sehr negativ behaftet sind, sollten Sie das Schaltwort BESCHÜTZEN einsetzen, damit die Negativität nicht auf Sie übergreift, oder damit Sie durch die Negativität eines anderen nicht automatisch beeinflusst werden und selbst im Negativen stecken bleiben. Bringen Sie Licht, Liebe und Leichtigkeit auch zu den negativ eingestellten Menschen, denn mit dem Machtwort BESCHÜTZEN können Sie sich ruhig in solche Beziehungen und Situationen begeben, in denen sich Menschen durch ihre negativen Einstellungen sehr viele Probleme erschaffen. Ist jemand z. B. ständig von jammernden und klagenden Menschen (Krankenhäuser, Altersheime, Pflegeheime, soziale Einrichtungen, Arbeitsplätze usw.) umgeben, so ist die Gefahr groß, dass man im Laufe der Zeit davon angesteckt wird.

Schützen bedeutet, wie wir gehört haben, das Negative zu fürchten. Doch je mehr sich jemand schützen will, umso stärker lädt er oft das Negative auf, ohne dass ihm dies bewusst ist, aber die innere Haltung erschafft die tatsächliche Realität. BESCHÜTZEN hingegen bewahrt davor, dass das Negative in die eigene persönliche Situation einfließen kann. BESCHÜTZEN hält Dinge also fern, ohne diese durch eine innere Abneigung zu nähren.

Ich habe beobachtet, dass, wenn man das Schaltwort BESCHÜTZEN einsetzt, sich in und um den Menschen herum (Aura) ein Lichtwirbel aufbaut, der sich dreht und der alles Negative von sich wegschleudert. IMMER wenn Menschen meine Praxis verlassen, sind sie offen und daher wären sie gleichzeitig schutzlos vor dem Negativen. Meine inneren Berater haben mir daher geraten, jeden Menschen mit dem Machtwort BESCHÜTZEN zu verabschieden. Dies tue ich meist tonlos.

BESCHÜTZEN ist auch das Machtwort, mit dem Sie Ihr Kind morgens aus Ihrer Obhut entlassen. BESCHÜTZEN verlangt nicht, dass Sie sich etwas vorstellen müssen, sondern es aktiviert den natürlich vorhandenen Selbstschutz, und es aktiviert die eigene, innere Sicherheit.

Fühlen Sie sich nicht sehr stark und besteht die Gefahr, dass Sie sich von der negativen Haltung anderer Menschen »anstecken« lassen könnten, so verwenden Sie ebenfalls das Machtwort BESCHÜTZEN. Anstatt Angst vor Ansteckung zu haben, ist es sinnvoll, mit BESCHÜTZEN Ihre gesunde Atmosphäre zu bewahren. Alles, was nicht zu Ihnen gehört, wird so wieder aus Ihrem Leben verschwinden, weil es keine Macht zur Wirkung bekommt.

Vor negativer Beeinflussung BESCHÜTZEN!

Vor Gewaltausbrüchen BESCHÜTZEN!

Vor Fanatismus BESCHÜTZEN!

Vor Missbrauch BESCHÜTZEN!

BEWAHREN!

8 x

bewahren   bewahren
bewahren   bewahren
bewahren   bewahren
bewahren   bewahren

**

Die bestehenden Werte sollen für immer und ewig bewahrt sein.

BEWAHREN ist das Machtwort, das bewirkt, dass wir Gedanken und Erlebnisse konservieren, also haltbar machen können, so dass wir leicht darauf zurückkommen und zurückgreifen können. BEWAHREN wir das Beste, so werden wir kaum sagen, wir hätten ein schlechtes Leben, sondern es wird uns noch viel mehr in der Art des gespeicherten Guten widerfahren. BEWAHREN Sie daher die glücklichen Momente! BEWAHREN Sie die Augenblicke, in denen Sie wunschlos glücklich waren. BEWAHREN ist das Machtwort, das uns hilft, das, was uns wichtig erscheint, zu speichern.

Wenn Sie heute diese Seite aufgeschlagen haben, dann gibt es genau jetzt viel Gutes, für das es sich lohnt, dass Sie es sich BEWAHREN. BEWAHREN Sie die guten Erinnerungen und Erlebnisse, und Sie werden niemals einen Kontakt bereuen müssen. Leider trennen sich sehr viele

Menschen im Irrtum, der andere hätte ihnen Schaden zugefügt, dabei sind es nur die falschen Erwartungen, die zu Frust und Enttäuschung führen, denn Menschen versuchen, sich ein Bild zu machen, und sie halten daran fest, weil sie die Nützlichkeit suchen.

BEWAHREN ist der Befehl, um vorhandene Werte zu behalten, und es dient dazu, dass man sich selbst dieser inneren Werte nicht berauben lässt. Sagen Sie beispielsweise: Liebe BEWAHREN! Dies ist der Befehl, dass man sich trotz aller Konflikte, die es nun zu lösen und zu klären gilt, die vorhandene Liebe nicht nehmen lässt. Achten Sie darauf, dass Begegnungen, die negative und schmerzvolle Prozesse in uns auslösen, eigentlich aus Liebe zum eigentlichen Selbst geschehen müssen. Stellen Sie sich vor, Sie haben vor Ihrer physischen Geburt geplant, Schuld und Opfersein aufzulösen, dann geschieht es hier, dass Sie gerade durch einen Menschen, von dem Sie es nie gedacht hätten, verletzt werden, um nun in Liebe die Situation zu HEILEN. Die Situation erfordert Ihre Erinnerung an die Selbstliebe, so dass Sie nun die Erfahrung der Befreiung machen können. Sie können nun in der Tat Liebe und Ruhe BEWAHREN, um diese schwierige Situation zu MEISTERN. Damit Sie Ihr Gefühl von Enttäuschung heilen können, müssen Sie durch jemanden enttäuscht werden. Dies wird selten eine Person sein, zu der Sie keine nähere Beziehung haben, denn nur ein Freund kann Sie diese Erfahrung lehren, und Sie können wirklich daraus lernen. Besinnen Sie sich nun der vorhandenen Werte, und aktiveren Sie mit BEWAHREN die ursprüngliche Verbindung, dann werden Sie sich von einem schwierigen Ereignis nicht irritieren lassen und diesem Freund die Freundschaft nicht kündigen. Das, was wirklich zwischen Ihnen beiden ist, nämlich Liebe und eine unzertrennliche kosmische Freundschaft zwischen beiden Seelen, soll zum Vorschein kommen.

BEWAHREN Sie sich Ihre Werte! BEWAHREN Sie Ihre Freude! BEWAHREN Sie Ihren Mut! BEWAHREN Sie Ihr Bewusstsein, ein wahrhaft göttliches Wesen zu sein! BEWAHREN Sie Ihre innere Kraft, und trennen Sie sich ganz bewusst von Ihrem Opferbewusstsein. BEWAHREN ist das Machtwort, das Ihnen hilft, das zu konservieren, was wirklich wichtig ist. BEWAHREN ist der Schalter, der hilft, das Gute und Beste unzerstörbar zu machen. BEWAHREN Sie sich nicht vor Schaden, sondern BEWAHREN Sie sich die Ihnen innewohnende Liebeskraft. BEWAHREN Sie Ihren inneren Frieden, und strahlen Sie dieses wunderbare Gefühl in Ihren Alltag aus. Lassen Sie Ihren inneren Frieden in Ihre Worte und Taten fließen, und BEWAHREN Sie sich im besten Sinn! BEWAHREN ist das geistige Konservierungsmittel!

Liebe BEWAHREN!
Können BEWAHREN!
Freundschaft BEWAHREN!
Ruhe BEWAHREN!
Innere Zuversicht BEWAHREN!
Selbstvertrauen BEWAHREN!
Erinnerung an das Wesentliche BEWAHREN!

Gesundheit im Sinne eines langen Lebens
BEWAHREN!
Jugendliche Kraft BEWAHREN!
Das innere Kind BEWAHREN!

WEILEN!

weilen   weilen   weilen   weilen   weilen   weilen
weilen   weilen   weilen   weilen   weilen   weilen

**   **   **   **   **

»Ich habe gar keine Zeit, um in Eile zu sein!«,
sprach der Meister.

Es dauert alles eine Weile, bis man fähig ist, das, was man lebt, tatsächlich zu begreifen und voll auszukosten. »Seit einer Weile bin ich daran, mich selbst zu verstehen!« »Verweile einen kurzen Moment, und du begegnest dem wahren Zauber!« – WEILEN hilft, einen Moment anzuhalten und ihn ohne jeglichen Zeitdruck (Zustand, Situation) zu erfahren sowie die wirkende Wahrheit darin zu erkennen. WEILEN ist ein Schalter, der die Zeit ideal, d.h. solange, wie es für die Sache sinnvoll ist, anzuhalten vermag.

VerWEILEN Sie einen Moment, um die Magie dieses Augenblickes vollkommen in Ihrem Bewusstsein aufzunehmen. In der heutigen Zeit stehen die Menschen so unter enormem Zeitdruck und hetzen durchs Leben, dass sie dabei das Wesentliche verpassen. Sehr schnell ist etwas schon wieder vorbei, und man fragt sich: »Was war das eigentlich?« Wir brauchen Zeit zur Besinnung und zur Wahrnehmung, denn nur das, was wir bewusst erleben, wird zur eigenen Wahrheit und dient unserer Bereicherung.

Können wir uns in einem Moment vertiefen, und tun wir dies immer wieder, dann werden wir unser wahres Erleben verstärken, und wir haben das Gefühl, unser Leben ist interessant und voller bereichernder Fülle. WEILEN Sie in diesem Moment! WEILEN ist der Schalter, der dabei hilft, die Zeit optimal zu nutzen und zu genießen, man kann so dem Geschehen bewusst sowie voll und GANZ folgen.

Es könnte allerdings auch sein, dass man sich zu lange an einem Punkt aufhält und man sich in etwas verliert, dann bewegt man mit WEILEN die persönliche Geisteskraft, um die »Stockung« sanft zu überwinden, denn Zeit ist nur eine Illusion.

»Eile mit Weile« bedeutet, dass man nichts verpasst, wenn man immer wieder verWEILT. Lassen Sie sich nicht weiter drängeln, denn dadurch würde in Ihnen das Gefühl, das Wesentliche verpasst zu haben, aufsteigen und Sie auffordern, den unangenehmen Zustand zu VERÄNDERN.

Sie fühlen sich irgendwie um das Wertvollste betrogen? Dann WEILEN Sie immer wieder im Verlaufe eines Tages.

Betätigen Sie den Schalter WEILEN, wenn Sie kaum eine freie Minute zu haben scheinen. Der große Stress im Leben eines Menschen besteht darin, dass man dem Unwichtigen zu viel Zeit und Raum gibt. Wir glauben, wir müssten dies und jenes dringend erledigen, so dass uns niemand vorwerfen könnte, wir hätten unsere Pflichten anderen gegenüber vernachlässigt. Man muss sich mit sinnlosen Dingen auseinandersetzen, statt sich dem Wesentlichen zu widmen. Kommen Sie zum Kern der Sache! Befinden Sie sich in einem Gewühl von Aufgaben und Anforderungen, so benutzen Sie den Schalter WEILEN, und in Ihnen wird sich das Gefühl von bewusster Ruhe ausbreiten, Sie werden sich dann die Zeit nehmen. Sie gewinnen den Überblick und werden das tun, was wirklich Sinn macht und was für ein optimales Resultat wichtig ist. Sie werden nicht mehr das Gefühl haben, Sie hätten nicht wirklich gelebt. WEILEN hilft Ihnen also, zur Besinnung zu kommen. Das Machtwort WEILEN zeigt Ihnen, wie Sie das Leben in jedem Moment genießen können. Dies wird Ihre innere Zufriedenheit stärken, und die Freude an Ihrer Arbeit, an Ihrer Aufgabe wächst von Tag zu Tag, von Stunde zu Stunde, von Moment zu Moment.

»Gut' Ding will Weile haben!« Nur im JETZT kann das Leben in seiner vollen Wirklichkeit gelebt, erlebt und erfahren werden. Leben wir JETZT, so brauchen wir unsere Vergangenheit nicht zu bereuen, sondern wir können sie als gelebte Erfahrung ruhen lassen. »*Eile* mit Weile, und du kommst voran, ohne einen Schritt verpasst zu haben!« Korrigieren Sie die Fehlhaltung »Ich arbeite jetzt, damit ich später mein Leben genießen kann« mit dem Machtwort WEILEN, und schon müssen Sie sich nicht mehr beeilen, um noch etwas vom Leben zu haben. Ein erfolgreicher Manager sagte, als er auf sein bemerkenswertes Lebenswerk angesprochen wurde: »Ich habe nicht gearbeitet, ich habe mich amüsiert!« Es ist also alles auch eine Frage der Einstellung! VERWEILEN Sie einen Moment in dieser Botschaft.

VERWEILEN Sie ab jetzt im Verlaufe des Tages immer wieder, und Sie werden wirklich genießen und Ihren

Genuss verankern, vertiefen und ausbauen können. Was uns bewusst ist, wird weiter wachsen.

Genießen Sie Ihr Leben für eine Weile! Geben Sie sich ab und zu die Chance, einfach eine Weile dazusitzen und nichts tun zu müssen.

LÄUTERN!

7x

läutern   läutern   läutern   läutern   läutern   läutern   läutern

Man muss manchmal sprichwörtlich durch das Feuer gehen, um geLÄUTERT zu sein und um seine unvergängliche Form zu erkennen. LÄUTERN ist das Machtwort, damit die getrübte Sichtweise wieder klar wird. Den Ein- und Durchblick zu haben, das ist das, was sich viele wünschen, denn vor LAUTER Bäumen sieht man manchmal den Wald nicht mehr! Der Mensch ist von Grund auf eher ein feiges Wesen, das seinen Herausforderungen ständig ausweicht. Aber manchmal ist es wirklich schwer, sich zu entscheiden, weil man selbst im zwischenmenschlichen Durcheinander die eigene Klarheit verloren hat. Die vielen Eindrücke und Meinungen stiften mehr Verwirrung, als dass sie der Klärung dienen. LÄUTERN ist hier das Machtwort, das den Befehl zur Klarheit gibt. Erst, wenn der Mensch seine eigene Göttlichkeit entdeckt, kann er sein großes inneres Wesen auch im Außen zur Wirkung bringen, und er erfreut sich am selbst gewählten Lebensabenteuer.

Kommt man in eine Situation, in der man sich früher geschlagen gegeben hat oder in der man ganz einfach feige war und sich selbst nicht wirklich bekannt hat, so kann man nun mit LÄUTERN die Situation klären und sich selbst darin neu ausrichten. Alles klar?

Wir verfügen oft nicht mehr über unsere innere Klarheit, da wir im Verlaufe unseres Lebens – vor allem in der Kindheit – vielen äußeren Einflüssen schutzlos ausgesetzt waren, und so trübte sich unsere eigene Lebensvorstellung. Man kriegt – salopp gesagt – den Mist der anderen ab und kann sich nicht dagegen wehren. So hat sich unser eigenes Bewusstsein mit vielen anderen Meinungen und Lebenshaltungen vermischt. Es fällt uns schwer, uns auf unser ursprüngliches Sein zu konzentrieren, und dies führt immer wieder zu persönlicher Verwirrung. Die eigene Sichtweise ist getrübt. LÄUTERN ist nun der Schalter, der das Wesentliche herausfiltert, um nicht weiter dem Unwesentlichen zu verfallen. LÄUTERN ist das Schaltwort, das uns hilft, die zurückkommenden Emotionen zu reinigen und die gebundene Energie im Sinne des ursprünglichen Programmes zu befreien. LÄUTERN ist also ein Reinigungsfilter und bewirkt gleichzeitig die geistige Klärung, und die Klarheit im Geist und im Gefühl lässt das wahre Selbst wieder strahlen. LÄUTERN hilft uns, uns vom Mist, den wir selbst fabriziert haben oder den wir von anderen übernommen haben, zu reinigen! Nun können Sie also »so einen Mist« LÄUTERN!

Sind Sie verwirrt, weil Sie von vielen Meinungen, Thesen und Haltungen anderer Menschen beeinflusst sind? Wenn ja, dann setzen Sie den Schalter LÄUTERN ein, um die Spreu vom Weizen zu trennen. Ihre Verwirrung wird nachlassen, und Sie werden wieder klar SEHEN. LÄUTERN ist ebenfalls der Schalter, der Trübsal vertreiben kann.

LÄUTERN ist das Machtwort, das wie ein Reinigungsmittel für den »verstaubten« Geist wirkt. Wenn wir GELÄUTERT sind, haben wir wirklich einen inneren Reinigungsprozess vollzogen. LÄUTERN ist daher das Waschmittel, das helfen kann, »Ihre Seele von Trübsal reinzuwaschen«. Probieren Sie es einfach aus.

Meine eigene Denkweise LÄUTERN!

Meine Gefühlswelt LÄUTERN!

Mein Wesen LÄUTERN!

Meine Berufung LÄUTERN!

Meine Vorstellungen im Bereich ... LÄUTERN!

Meine Gedankenwelt LÄUTERN!

EMPFANGEN!

7x

empfangen empfangen
empfangen empfangen
empfangen empfangen
empfangen

**   **

Sind Sie bereit, die wesentliche Botschaft zu EMPFAN-GEN? Achten Sie auf die Nachrichten, und suchen Sie darin den Sinn? Eine Botschaft erreicht uns dann, wenn wir für wichtige Nachrichten empfänglich sind! Die Lösung für Ihre derzeitige Situation ist also bereits auf dem Weg zu Ihnen, wenn Sie jetzt für die Lösung EMPFÄNGLICH sind.

Uns wurde von Menschen, die in der Haltung leben, selbst leer ausgegangen zu sein, beigebracht: »Wenn du weiterkommen willst, musst du nehmen, was dir zusteht, sonst nimmt es ein anderer!« Oder: »Nimm, was du kriegen kannst, egal, ob es dir dient oder ob es wirklich für dich bestimmt ist!« Die Gier ist aber die Dienerin des Mangels! Ein Großteil der Menschheit ist nur mit dem Nehmen beschäftigt, weil sie glaubt, sie wäre betrogen worden. Wenn wir aber GEBEN, so werden wir mit Sicherheit EMPFANGEN können. Sind wir allerdings nur auf Nehmen ausgerichtet, so NÄHREN wir die Angst, nicht das zu bekommen, was uns zusteht. Sie müssen wissen, alles, was Sie gegeben haben, werden Sie im doppelten Maß wieder erhalten. Also, Sie haben bereits so viel getan und gemacht, dann können Sie freudig und entspannt EMPFANGEN, und das Gute wird Ihnen sozusagen in den Schoß gelegt. Wer Freude aussendet, wird mit freudigen Tatsachen überrascht. Sind Sie auf EMPFANG? Das bedeutet, dass Sie nichts zu fürchten haben. Wer wartet zu nehmen, der wird aber meist enttäuscht und wartet vergebens! Sie brauchen nichts zu fordern, sondern einfach alles so zu tun, wie Sie es vermehrt EMPFANGEN WOLLEN!

Wer in der Haltung von Geben und Nehmen verharrt, der stellt eine Rechnung auf, die lautet: »Ich habe gegeben, und nun will ich zumindest so viel nehmen, wie ich gegeben habe.« Eine solche Erwartung deutet auf mehr oder weniger versteckte Aggressionen hin. »Ich nehme mir, was mir zusteht – und dies notfalls mit Gewalt.« Viele warten ständig darauf zu nehmen und haben dabei nicht verstanden, dass sie zuerst GEBEN müssten. Sie fühlen sich übergangen, betrogen, und dabei schauen sie neidisch auf diejenigen, die haben. Stattdessen könnten sie fragen, wie sie selbst in die Situation von haben kommen.

Das Gesetz der Entsprechung wirkt und ist unfehlbar. Heißt es nicht: »Man nimmt es den Armen und gibt es den Reichen!«? Früher fragte ich mich: »Warum können die Menschen, die arm sind, sich nicht reich denken?«, und meine inneren Berater sagten zu mir: »Diese Menschen sind mittellos, weil sie nur armselige Gedanken haben.« Sicherlich ist damit nicht gemeint, dass jeder

Millionen auf seinem Konto haben muss, um sich reich zu fühlen. Ich kenne auch materiell reiche Menschen, die »arm« an Mitgefühl, dafür aber umso gieriger sind, wenn es darum geht, noch mehr zu haben. Wie auch immer, wählen Sie selbst, welche Art von Reichtum Sie EMPFANGEN WOLLEN.

EMPFANGEN ist das Machtwort, das Ihr Inneres darauf ausrichtet, die ausgeteilten Gaben nun zu Ihrem Wohl in EMPFANG zu nehmen und mit Freude genießen zu können. Schalten Sie JETZT auf EMPFANGEN um. Unzählige Menschen, die Leere fürchten, könnten mit dem Machtwort EMPFANGEN den Zustand von Reichtum wieder einleiten. Keiner wird vom Leben vergessen, außer er vergisst sich selbst, und eine armselige Haltung wird leidige Erfahrungen bringen. Sehr oft übernimmt man solche Lebenseinstellungen von den eigenen Eltern, und man setzt das bereits tausendmal negativ erlebte Ereignis fort, wie eine Krankheit, die chronisch geworden ist. Obwohl man dies nicht mehr will, bleibt man in solchen schmerzlichen Situationen gefangen, weil man den Schalter für das Gegenteil nicht findet. Geistesgegenwärtig sollten Sie nun in einer solchen Situation oder in einem Moment, in dem Sie an eine konkrete Sache denken, in der Sie zwar etwas erwartet hatten, aber schlussendlich nichts bekamen, z. B. Belohnung EMPFANGEN sagen. Stellen Sie Ihre Haltung auf EMPFANG um, indem Sie den Schalter Wohlstand EMPFANGEN betätigen. Seien Sie im positiven Sinn empfangsbereit, und daher ist es wichtig, dass Sie aufmerksam darauf achten, *was* Sie EMPFANGEN wollen. ACHTEN Sie ab JETZT IMMER auch darauf, was Sie

GEBEN, und GEBEN Sie mit Freude, was Sie für sich selbst verMEHRen wollen.

Liebe EMPFANGEN!

Gewinn im Bereich ... EMPFANGEN!

Belohnung EMPFANGEN!

Wertschätzung EMPFANGEN!

Erkenntnis zu meinem eigenen Besten EMPFANGEN!

DIENEN!

dienen   dienen   dienen   dienen   dienen
dienen   dienen   dienen   dienen   dienen
dienen   dienen   dienen
  **   **   **   **   **

Wessen Diener sind Sie? In Wahrheit sind Sie der Diener *Ihres* unbeschreiblichen Wesens, und Sie stehen im Dienste *Ihrer* Seele. Man kann das Leben eines jeden Menschen auch als »Gottes-Dienst« bezeichnen. Wir sind in dieser Welt, um uns unserer eigenen Ursprungs- und Schöpferkraft bewusst zu sein, und darin ist auch unser ewiges Glück zu finden. Sie haben JA gesagt, in dieser Lebensform alles zu tun, was dem Fortschritt und dem Wachstum Ihrer Seele dient. Sie sind der Vertreter Ihrer Seele, der in der gegenwärtigen gewählten materiellen Form sozusagen den »Kopf hinhält«, und vor dem Hintergrund der seelischen Möglichkeiten haben Sie sich dieses Leben »ausgesucht«. MERKEN Sie sich GUT, dass Ihre jetzige Situation – gerade wenn sie so schwierig scheint – die größten Schätze für wahres Wachstum enthält. Wir befinden uns im diplomatischen Dienst unserer Seele.

Den meisten Menschen ist dieses Bewusstsein aber verloren gegangen. Sie leben eher im existenziellen Kampf, sich die Anerkennung scheinbar wichtiger Figuren zu verdienen. Fällt Ihr Verdienst gering aus, dann ist das ein eindeutiges Zeichen, dass Sie dem falschen Herrn

DIENEN. Wir sind aber vielmehr aufgefordert, alles zu tun, was dem Fortschritt unserer Seele dient, und mit allem, was wir erreicht haben, DIENEN wir gleichzeitig auch dem Ganzen. Die innere Freiheit führt immer auch zu äußerer Leichtigkeit!

Programmieren Sie morgens Ihren Tag mit folgendem Bewusstsein: *»Ich bin bereit – ich will heute alles tun, was der Befreiung und dem ‚Frei-Sein' meiner Seele DIENT, was meine inneren und äußeren Werte steigert, und mit meiner Freiheit DIENE ich der Befreiung anderer Seelen, so dass auch diese ihr wahres Wesen erkennen und begreifen können.«*

Ich selbst habe lange Zeit in einem großen Irrtum gelebt. Ich habe alles getan, um anderen Menschen mit meinen geistigen Begabungen das Leben zu erleichtern und habe diesem Bestreben die meiste Zeit gewidmet. Der große Fehler dabei war, dass ich mich selbst vergessen hatte und dass ich den größten Teil meiner Bedürfnisse zurückgestellt hatte. Dies führte dazu, dass sich in meiner linken Brust ein schnell wachsender Tumor entwickelte. Meine Seele hat protestiert, und ich war gezwungen, mehr auf mich selbst zu achten. Zum Glück kann ich heute sagen, denn ich hätte mein Leben sonst umsonst gelebt. Jede Krankheit, oder sagen wir ab jetzt: jedes gesundheitliche Projekt, ist die Aufforderung, mehr für sich selbst zu tun. Früher bin ich wegen der Menschen in meine Praxis gegangen, heute gehe ich wegen mir selbst, und ich teile einfach meine Werte, egal ob diese jemandem nutzen oder wieder beiseite gelegt werden.

Ich konnte den Stress aufgeben, dass ich überhaupt für ein Resultat bei einem anderen Menschen verantwortlich bin. Ich bin zu der Erkenntnis gelangt, dass jeder ganz allein sein Resultat bestimmt durch das, was er UMSETZT. Man kann Menschen ANREGEN, motivieren und STÄRKEN, doch tun muss es jeder selbst. NUTZT jemand dieses Wissen, dann NUTZT es ihm, weil er es selbst getan hat. Ich und andere Ratgeber können nur unsere gewonnenen Erkenntnisse mitTEILEN. Es steht aber jedem frei, was er daraus macht. So oder so machen wir solange die gleichen schmerzlichen Erfahrungen, bis wir wirklich »Selbst-Kenntnis« gewinnen.

Stellen wir unsere Fähigkeiten auch in den Dienst der Mitwelt, so DIENEN wir dem großen Einen, und dadurch erhalten wir Zugang zu allen Ebenen. DIENEN wir dem Licht, dann erhalten wir die Mittel, um die Dunkelheit zu WANDELN, so dass sich das Sein vieler Menschenseelen erhellt.

Wie weit DIENT Ihnen die jetzige Situation? Haben Sie das Gefühl, dass da nichts dabei ist, was Ihnen wirklich dienlich sein könnte? Doch genau Ihre derzeitige Situation DIENT Ihrer wesentlichen Erkenntnis. Jede Form von Negativität hilft uns, uns für das Gute zu entscheiden. Wenn wir die Dunkelheit satt haben, freuen wir uns über jedes Licht. – DIENEN ist das Machtwort, das Ihnen zeigt, auf welche Art und Weise die jetzige Situation für Sie DIENLICH ist. Ihr DIENEN ist nicht eine Art von Versklavung mit schlechter Bezahlung, sondern Ihr DIENST im Alltag DIENT Ihrer Weiterentwicklung. Mit dem Codewort

DIENEN nun bringen Sie Ihren wahren und wirklichen Wert von Rat und Tat ins Bewusstsein. Sie werden mit Freude der Freude DIENEN. Sie werden voller Liebe der Liebe DIENEN. Tun Sie Gutes mit der Absicht, der Freude zu DIENEN. Seien Sie freundlich mit der Absicht, Ihrer Liebe zu DIENEN und so die Liebeskraft in anderen Menschen zu wecken. Wie auch immer, es gibt so viele Möglichkeiten, dem Licht zu DIENEN...

REINIGEN!

10x

reinigen	reinigen
reinigen	reinigen
reinigen	reinigen
reinigen	reinigen
reinigen	reinigen
**	**

Kinder sind in ihrem Wesen noch REIN und KLAR, bis die Erwachsenenwelt sie das Fürchten lehrt. Die Reinheit einer Kinderseele wird beschmutzt, wenn geistige, seelische, aber auch körperliche Gewalt angewendet wird. Die unschuldigen kleinen Wesen werden mit negativen Einstellungen belastet, so dass sie nicht mehr frei und REIN sein können, denn der »geistige Dreck« belastet das Gefühl und trübt die Sichtweise – auch bei Erwachsenen. REINIGEN nun ist das Machtwort, das die ursprüngliche Reinheit wieder in Gang setzt. Auf der spirituellen Ebene wirkt REINIGEN wie eine Fastenkur, die darauf ausgerichtet ist, Geist, Seele und Körper wieder zu entgiften.

BeREINIGEN Sie Ihr Leben! REINIGEN ist das Machtwort, das uns hilft – im Sinne der wahren Reinheit –, die guten von den schlechten Gedanken zu trennen. Mit dem Codewort REINIGEN können Sie die Reinheit Ihres wahren Wesens mit der Zeit wieder herstellen. Die REINE

Liebe ist vielleicht nicht mehr möglich, weil Schmerz und erlebte Enttäuschungen noch nicht BEREINIGT sind. Haben Sie aber nicht auch schon den Wunsch gehabt, nochmals unschuldig und ohne Altlasten neu beginnen zu können? Dann BEREINIGEN Sie einfach Ihre Lebenssituation! BEREINIGEN Sie ein bestimmtes Geschehen! Trennen sich z. B. zwei Menschen, so gibt es oft noch wesentliche Dinge zu BEREINIGEN. Viele missverstehen dies und waschen schmutzige Wäsche, doch REINIGEN ist das Machtwort, das auch hier alles wieder ins REINE bringt.

REINIGEN bewirkt, dass z. B. der Körper von schädlichen Stoffen gereinigt werden soll. REINIGEN ist die »geistige Seife«, die den Schmutz wegzuwaschen vermag, der sich durch die Auseinandersetzungen mit der Mitwelt angesammelt hat. Im Laufe unseres Lebens nehmen wir immer wieder geistig, seelisch, physisch und materiell Stoffe auf und hinzu, die unsere optimale Lebensfunktion und unser Wohlbefinden behindern. Mit REINIGEN geben Sie dem Unterbewusstsein den Befehl, diese hinderlichen und unerwünschten »Stoffe« zu erkennen und auszuleiten. REINIGEN Sie Ihren Geist! BeREINIGEN Sie Ihre Gefühle! REINIGEN Sie Ihren Körper! REINIGEN Sie Ihre Wohnung, Ihr Büro, Ihren Arbeitsplatz, Ihr Umfeld. BeREINIGEN Sie Ihre Beziehungen, damit sich das Persönliche und Wesentliche ohne Einschränkung voll entwickeln und entfalten kann.

BEREINIGEN ist das Machtwort, das hilft, die Dinge zu klären, ohne sich in Erklärungen zu verlieren und sich gegenüber anderen rechtfertigen zu müssen. – Und wir haben in vielen Bereichen Klärungsbedarf: Wollen Sie beispielsweise reinen Tisch machen, und verspüren Sie den Wunsch, Sie könnten nochmals von vorne BEGIN-NEN? Löst es nicht ein wunderbares Gefühl in Ihnen aus, wenn Sie sagen können: »Zwischen mir und XY ist alles bereinigt«? BEREINIGEN verhilft Ihnen einfach zu einem guten Lebensgefühl – wie nach einer wohltuenden Dusche oder nach einem Bad im Meer.

Partnerschaft mit XY BEREINIGEN!

Beziehung zur Mutter BEREINIGEN!

Beziehung zum Vater BEREINIGEN!

Vergangenheit BEREINIGEN!

Situation mit XY BEREINIGEN!

Situation am Arbeitsplatz BEREINIGEN!

6x

nähren   nähren
nähren   nähren
nähren   nähren
**

Welche Nahrungsmittel brauchen Sie für Ihr tägliches Wohlbefinden? Oder überleben Sie, weil Sie sich mit Lebensmitteln ernähren? Auf welche Nährwerte bauen Sie? – Wir brauchen für unser ganzheitliches Wohlbefinden neben der selbstverständlichen physischen Nahrung sowohl geistige als auch seelische Nahrung. In unserer Gesellschaft wird die Angst vor der falschen Ernährung so stark geschürt, dass die Menschen selbst nicht mehr wissen, ob das, was sie zu sich nehmen, wirklich gut für sie ist. Die Angst vor dem körperlichen Mangel (Krankheit, Zerfall, Alter) ist zu einem fetten Milliardengeschäft geworden, und so ist man bestrebt, diese Angst immer weiter zu schüren. Dauernd werden neue Ernährungstheorien veröffentlicht, die kaum jemand überprüft. Wir haben VERLERNT, auf unser eigenes Gefühl zu ACHTEN und darauf zu VERTRAUEN. Unser Bauchgefühl antwortet ganz klar, wenn wir unseren Körper fragen, was im jetzigen Moment gut für ihn ist. Die Zeitschriften sind aber stattdessen voll von Diät- und Ernährungsvorschlägen, und die meisten Menschen leiden unter Ernährungsmängeln, obwohl wir alles zur freien Verfügung haben. – NÄHREN ist der Schalter, der die Meister in Ihrem Unterbewusstsein beauftragt zu prüfen, welche

Nahrungsmittel Ihr ganzheitliches Wohlbefinden STÄRKEN und was Ihrer Vitalität DIENT. Eigentlich sollten wir uns nach dem Essen gestärkt und fit fühlen, doch die meisten Menschen sind nach dem Essen müde und schlapp. Woher kommt dies wohl? ACHTEN Sie ab jetzt darauf, was Sie beim Essen denken und reden und in welcher Gesellschaft Sie sich ernähren. Sind Sie müde und ausgelaugt, wissen Sie nun mit Sicherheit, dass Sie nicht das Optimale zu Ihrer Stärkung aufgenommen haben.

Wir speisen unseren Geist mit fürchterlichen Vorstellungen, indem wir glauben, wissen zu müssen, welche Unglücksfälle und Verbrechen heute wieder stattgefunden haben. – Die »Selbst-Liebe« aber bringt uns dazu, uns nur noch von Ideen, Menschen, Speisen, Situationen und Gefühlen zu ERNÄHREN, die unser inneres Wesen zum Blühen bringen! Die Lebenszeit ist zu kostbar, als dass man sich vom Schlechten ernährt. BEGINNEN Sie JETZT, sich selbst mehr wert zu sein, indem Sie auf Ihre ErNÄHRUNG ACHTEN! Fragen Sie sich: Welche Nachrichten speichern Sie? Was nehmen Sie mit Ihren Augen auf? Was hören Sie ständig? Was nährt Ihre Sinne? Was schlucken Sie? Was liegt Ihnen schwer auf dem Magen? Quälen Sie seelische oder physische Verdauungsprobleme? Wenn ja, ist dies ein Zeichen für die falsche Ernährung. Mit dem Machtwort NÄHREN können Sie wieder LERNEN, das Gute vom Schlechten zu unterscheiden, und diese Erkenntnis wird Sie in der Wahl Ihrer Nahrung STÄRKEN.

Fühlen Sie sich manchmal geistig, seelisch und/oder körperlich am Ende? Fühlen Sie sich ausgelaugt und kraftlos? Haben Sie sich in einer Beziehung so verausgabt, dass Sie an persönlicher Substanz verloren haben? NÄHREN Sie sich mit der höchsten Liebesenergie! NÄHREN Sie sich mit dem »heiligen Geist« (heiligen = höher schwingen)! NÄHREN Sie sich mit Weisheit! NÄHREN Sie sich durch Ihre wesentliche Kraft! Sie verhungern nur, wenn Sie sich von den Komplimenten und Meinungen anderer Menschen ernähren wollen! Ihr Partner oder Ihre Partnerin wird Ihren Hunger nach Liebe nicht stillen können, denn nur die Selbstliebe vermag Sie zu einem Magnet für noch mehr Liebe zu machen.

Der Befehl NÄHREN zeigt Ihnen das Nahrhafte, das Ihr Wohlbefinden stärken wird. Mit dem Machtwort NÄHREN können Sie erkennen, welche Nahrung Ihnen wirklich gut tut. PRÜFEN Sie mit dem Schalter NÄHREN auch, ob das, was Sie lesen, Ihre geistige Erkenntniskraft STÄRKT. Oder setzen Sie NÄHREN ein, um festzustellen, wie nahrhaft Ihre Beziehung mit XY ist.

Ich NÄHRE mich mit Liebe! Ich NÄHRE mich mit Freude! Ich NÄHRE meinen Geist mit der großen Weisheit der Quelle!

Sie können die Weisheit nicht mit Löffeln essen, aber Sie können sich von der Weisheit NÄHREN! *Ich bin GENÄHRT durch die bedingungslose Liebe des Lebens!*

Mit SELBSTLIEBE NÄHREN!
Mit FREUDE NÄHREN!
Mit GEISTESSTÄRKE NÄHREN!
Mit UR-VERTRAUEN NÄHREN!

STERBEN!

11x

```
sterben    sterben    sterben
sterben    sterben    sterben
sterben    sterben    sterben
sterben               sterben
   **         **
```

»Jede Nacht, wenn ich mich schlafen lege, sterbe ich.
Und am nächsten Morgen, wenn ich aufwache,
bin ich wiedergeboren.«
Mahatma Gandhi

»Heute kann mein Ego STERBEN, damit mein wahres Ich zu leben beginnt!« Leid, Schmerz, Niedergeschlagenheit, Unglücklichsein und Verzweiflung sind ein Zeichen, dass man sich selbst bestraft. STERBEN ist hier das Codewort, das uns hilft, das wahre Leben zu LEBEN. Wenn die Illusion stirbt, lebt die Wahrheit.

Viele Menschen verbringen ihr Leben damit, sich ständig vor dem Ende und dem Tod zu fürchten. Ja, das Leben scheint so schwierig, dass man sich sogar die Gedanken an *Selbst*mord erlaubt. Jeder Gedanke an ein mögliches Ende lähmt aber unseren Geist und setzt in unserem Hirn ein Todeshormon frei, dass bereits zu Lebzeiten den Zerfall einleitet. Diese Lebensangst verhindert, dass wir wirklich LEBEN KÖNNEN. In der Aura von unzähligen Kindern, aber auch von erwachsenen Menschen, konnte ich immer wieder beobachten, dass deren Seele nicht wirklich am Leben teilnimmt. Der wesentliche Teil geht neben ihnen her und weiß nicht so recht, ob er da wirklich mitmachen soll. Das Wesen eines Kindes ist in den meisten Fällen erst mit dem ERREICHEN des 27. Lebensmonates (9 Monate Schwangerschaft und 18 Monate physische Existenz) ganz in dieser Welt angekommen. In der erwähnten Zeit ist es äußerst wichtig, wie sich die Eltern verhalten und wie die Mitwelt die Atmosphäre – mittels ihrer Gedanken und Gefühle – bestimmt. Erlebt ein Kind in dieser Zeit ein gefühlsmäßiges Trauma, dann kann es sein, dass sein Wesen zurückschreckt und zum Zuschauer wird, man geht sozusagen »neben sich her«. Die Seele eines Kindes bringt sehr viel Licht und Liebe in diese Ebene, und so vermag der Blick eines Kindes das Herz/das Gefühl von verhärteten Menschen zu erwärmen – allein deswegen sollten wir anstreben Kindern ihre Eingewöhnungsphase in diese Welt so leicht wie möglich zu machen.

Die physische Geburt ist eine Art von STERBEN aus der Geistwelt, und das physische STERBEN ist die Geburt der Seele zurück in die Ewigkeit. Genauso stirbt jeder physische Moment und ist sowohl Ende wie auch Anfang. Alles in *der* Form ist vergänglich, und STERBEN ist die Vorbereitung für die wahre Geburt der Seele. Wir sind hier – in dieser Welt – zu Besuch, um unsere Erfahrungen in der Welt der Formen zu machen und um unsere Erkenntnisse über den Schöpfungsprozess in dieser Form zu vervollständigen. STERBEN ist VERÄNDERUNG im wesentlichsten Sinn. Macht etwas keinen Sinn mehr, so kann es STERBEN, um einer neuen Form Platz zu machen. In der Natur lässt sich das STERBEN gut beobachten: Indem das Ausgereifte stirbt, macht es Platz für ein erneutes Werden und SEIN. **STERBEN ist das WANDELN der Form, aber ohne das Leben zu verlieren!**

Manchmal muss man STERBEN, um das Leben zu SCHÄTZEN, manche Menschen werden erst lebendig, wenn sie sich mit dem STERBEN auseinandersetzen. STERBEN ist daher ein Machtwort, das die Macht Ihres ganzen Wesens in die Gegenwart bringt. STERBEN Sie, um zu LEBEN, doch bringen Sie sich nicht um!

Ist die physische Lebenszeit abgelaufen, so sind viele Menschen nicht bereit zu STERBEN, weil sie nie wirklich gelebt haben. Man hat ständig versucht, ein guter Mensch – im Sinne der anderen – zu sein, und was hat es gebracht? Nichts! Die materiellen Güter sind zwar schön und gut, aber der Besitz von materiellen Werten gibt keine Punkte auf dem Seelenkonto. Alles, was Sie für sich selbst tun, gibt allerdings Punkte. Dabei ist nicht ein egoistisches Verhalten gemeint, indem man sich ein schönes Leben auf Kosten der anderen macht. Nein, es ist die Verantwortung *Ihrer* Seele gegenüber, sich selbst zu lieben und **in erster Linie man selbst zu sein! Was gibt Punkte auf Ihr Seelenkonto? Jegliche Arbeit, die Sie um Ihrer selbst willen tun. Jeder Liebesdienst, den Sie um Ihrer selbst willen tun.** Solange wir aber Dinge für Lob und Anerkennung oder aus Angst vor Kritik tun, werden wir nur an Selbstachtung verlieren. Unser Leben wird wirklich lebenswert, wenn wir das, was wir tun, aus Liebe zu uns tun. Lassen Sie die falschen Erwartungen und Ansprüche, die Sie an andere haben, nun STERBEN, denn ansonsten bleiben Sie ein Gefangener, der langsam, aber sicher verendet.

Der Jesuitenpriester Anthony de Mello sagte einst: »*Lass dich nicht von dem, was der Kritiker sagt, niederdrücken. Noch nie wurde zu Ehren eines Kritikers ein Denkmal errichtet, wohl aber für Kritisierte.*«

Wir leben für unser inneres Licht und durch unser wahres Wachsen verändert sich diese Welt. Jeder von uns ist eines dieser Lichter. Die einen strahlen von innen heraus, und die anderen glänzen mit äußeren Siegen.

STERBEN ist das Machtwort, das Ihre Lebensenergie im Sinne des wahren Lebens wieder fließen lässt. Wenn Sie heute diese Seite aufgeschlagen haben, dann wissen Sie, heute kommt der Moment, der Ihr jetziges Dasein lebenswerter machen kann. Aktivieren Sie mit dem Schalter STERBEN die Sicht für das wirkliche Leben. Sie werden staunen, wie Ihr Leben aussehen kann. GEBEN Sie dem wahren Leben JETZT eine Chance. STERBEN Sie für die wahre Liebe, und erleben Sie die Liebe in neuer Form!

Lassen Sie die falschen Vorstellungen STERBEN, damit Ihr schlummernder Geist ins Leben gerufen werden kann!

Beim Schaltwort STERBEN wird deutlich, dass man nicht zu viel denken sollte, sondern man kann sich gewiss sein, dass nur das Beste geschehen kann. Wer Angst hat vor dem STERBEN, wird noch mehr Angst vor dem Leben haben. Als ich durch mein gesundheitliches Lebensprojekt »Krebs«

gefordert war, habe ich gelernt, meine Angst vor dem Leben zu verlieren, und meine Lebensqualität hat sich seither deutlich gesteigert. Weil ich vorher nicht HÖREN wollte, hat mich meine Seele zum Glück zwingen müssen... Aber ich nenne es Glück, denn erst durch die »Krankheit« konnte ich mein Glück erkennen.

Illusion STERBEN!

Äußerer Glanz STERBEN!

Ego STERBEN!

Zwanghafte Vorstellung von ... STERBEN!

4x

teilen   teilen   teilen   teilen

Man will sich nur von Schlechtem trennen, und
darum macht man die Dinge solange schlecht,
bis man sich trennen kann!

Mit wem würden Sie am liebsten Ihr Leben TEILEN? Haben Sie viel MITzuTEILEN, doch interessiert sich niemand dafür?

Die Menschen quälen sich durch Selbstzweifel und praktizieren so tagtäglich die Trennung von sich selbst. Man ist hin und her gerissen, weil man nicht weiß, für welche Seite man sich ENTSCHEIDEN sollte. Was ist richtig? Was ist falsch? Man fürchtet, ständig getrennt zu sein. Diese Angst ist sogar so groß, dass bereits ein möglicher Trennungsgedanke Stress auslösen kann. Hört man, dass sich wieder ein Paar getrennt hat, bekommt man es mit der Angst zu tun, die man aber gleich unterdrückt. Doch die Angst siegt, denn das Leben fragt nicht, ob die Vorstellungen positiv oder negativ sind. Die Furcht führt dann zu Kontrollsucht, und die Zweisamkeit wird zum Zwang, weil man mit sich selbst nicht eins ist. Wir bleiben ZUSAMMEN, solange wir glauben, dass es »gut« ist, und wir müssen uns trennen, wenn das Schlechte zum Zentrum wird. Die falschen Vorstellungen im

»Zusammensein« führen zwangsläufig irgendwann zur schmerzlichen Trennung.

Damit die Menschen in ihren unterschiedlichsten Partnerschaften Erfüllung erfahren könnten, müssten sie ÜBERLEGEN, wie man die Dinge MITEINANDER TEILEN könnte. Jeder gibt seinen Teil dazu, und jeder kann GEWINNEN. Bewusstheit bestimmt das persönliche Glück, aber Unbewusstheit fürchtet das Unglück – und zieht es gerade dadurch in seine Wirklichkeit. TEILEN ist hier das Machtwort, das die Menschen in ihren Unternehmungen, Zielen und Vorhaben optimal zusammenzubringen vermag, damit diese weiter wachsen können. Mit dem Machtwort TEILEN aktivieren Sie die Möglichkeiten eines gewinnbestimmten TEILENS.

TEILEN kann so schön sein! TEILEN bringt wahre und wirkliche Vermehrung im höchsten Sinn! TEILEN Sie Ihre Freude (aber teilen Sie nicht Ihre Sorgen, sondern befreien Sie sich vom sorgenvollen Sein)! Solange Sie aber noch Momente haben, in denen Sie EINTEILEN müssen, haben Sie die Kraft des wirkungsvollen TEILENS noch nicht eingesetzt.

TEILEN Sie Ihre Liebe! TEILEN Sie Ihr Können! TEILEN Sie Ihr Wissen! TEILEN Sie MIT anderen, was Sie weitergebracht hat. TEILEN Sie Ihre gewonnenen Erkenntnisse mit anderen, und Sie werden gleichzeitig weiter an Selbsterkenntnissen gewinnen. Je mehr man mit anderen Menschen TEILT, umso größer werden die eigenen Chancen und Möglichkeiten: Ich habe festgestellt, immer dann, wenn ich ohne Berechnung gegeben habe, habe ich ein Vielfaches an Wissen und Erkenntnisse ZURÜCKbekommen. TEILEN Sie Ihre geistigen Schätze, TEILEN Sie Ihre Freude und vermehren Sie die wunderbaren Werte, die zu wahrem Glücklichsein führen.

Ich will meine Liebe mit dem zu mir perfekt passenden Lebenspartner TEILEN! Ich will meine Freude mit vielen Menschen TEILEN, so dass sich neue Freundschaften ergeben! Ich will mein Wissen mit interessierten Menschen TEILEN, weil ich weiß, dass dies auch für mich eine Chance ist, weiter zu wachsen!

Freude TEILEN!
Liebe TEILEN!
Wissen über ... TEILEN!
»Selbst-Erkenntnisse« TEILEN!
Gewinn TEILEN!

BEFREIEN! (FREI!)

7x

befreien befreien befreien befreien befreien befreien befreien

Im Geist ist die Freiheit grenzenlos! Alles ist möglich, solange man nicht in/an der Form hängen bleibt. BEFREIEN ist das Machtwort, das die vorhandene Freiheit wieder sichtbar macht. BEFREIEN Sie sich, damit Ihr Leben leichter wird.

Sind Sie in sich selbst gefangen? Haben Sie sich selbst ein Gefängnis erbaut, und nun müssen Sie in all diesen zwanghaften Vorstellungen existieren? Die wahre Freiheit beginnt in unseren Gedanken. Solange wir besetzt sind von Vorurteilen, so lange bleiben wir selbst das Opfer von Vorverurteilung. Ein unbewusster Mensch steckt andere in eine Schublade und verurteilt sich selbst in die Beschränkung. Jede Bezeichnung, wie z.B. »Ich bin Lehrer, ich bin Amerikaner, ich bin eine Frau, ich bin ein Ausländer« usw., ist für den Geist das Gefängnis der Form, in dem man sich selbst einschließt. Wie oft hört man Menschen sagen: »Ja, die Deutschen sind so, die Italiener sind so...« Meine Antwort darauf ist immer: »Ich kenne keine Deutschen, ich kenne nur Menschen, die in Deutschland leben.« Wir leben in unzähligen Selbstbeschränkungen und rauben uns dadurch die eigene Freiheit.

Ich bin ich – und in Wahrheit ist es nutzlos, einem anderen erklären zu wollen, wer man ist. In meiner Praxis fragte mich ein Klient: »Was sind Sie eigentlich? Sind Sie ein Medium?« Ich antwortete: »Machen Sie aus mir, was immer *Sie* wollen – das bin ich für *Sie*!« Ein anderes Mal antwortete ich auf die gleiche Frage: »Ich bin Ihr sprechender Spiegel.« – BEFREIEN ist der Schalter, der Ihre eigene Unterdrückung, die Sie irrtümlicherweise zugelassen haben, auflöst. »Ich BEFREIE mich, denn nur ICH habe *MICH* gezwungen!« Das große ICH gibt dem kleinen MICH den Befehl, frei zu sein.

Doch es wird zu einem wahren Desaster, wenn das MICH glaubt, es wäre ICH, denn MICH gibt es spätestens nach dem physischen Tod nicht mehr, aber das ICH lebt ewig weiter. »Ich habe MICH so gemacht, also habe ICH die Macht, mich zu ändern!« Über das, was Sie soeben gelesen haben, sollten Sie wirklich lange Zeit nachdenken, um den tieferen Sinn hinter diesen Worten zu erkennen und um zu begreifen. Doch Ihr wahres ICH ist zu allem fähig, und darum vertraue ich auf Ihre Erkenntnisfähigkeit.

»Ich will im GROSSEN und GANZEN FREI sein!« BEFREIEN Sie sich von allen Zwängen. Sobald das Wort »muss« in Ihrem Sprachgebrauch auftaucht, ist Ihre Aufmerksamkeit gefragt, inwieweit Sie sich zum Sklaven der Mitwelt machen oder gemacht haben. Wir müssen gar nichts, aber wir dürfen alles! *»Ich will die Unbegrenztheit erfahren, so dass ich wieder in der vollen Freiheit meines großen Geistes zur Wirkung komme!«*

Sprechen Sie das Machtwort BEFREIEN, wenn Sie Zwang und Druck erleben. Fühlen Sie Ihre innere Freiheit, die sich auch sichtbar im Äußeren manifestieren wird. BEFREIEN Sie sich von den inneren Zwängen, anderen zu genügen!

BEFREIEN Sie sich von der Angst zu versagen! BEFREIEN Sie sich vom lähmenden Existenzdruck. NUTZEN Sie den Befehl BEFREIEN, um sich in jeder Hinsicht leicht und frei zu FÜHLEN. BEFREIEN ist der Schalter, der wirkliche Leichtigkeit verschaffen kann. Ist es z. B. gerade JETZT sehr schwierig, und FÜHLEN Sie sich belastet, dann setzen Sie BEFREIEN ein, denn die geistige Last und die seelischen Schwierigkeiten führen auch zu körperlichen Beschwerden. Wer zudem ständig sagt: »Alles ist so schwierig«, der wird mit der Zeit auch körperlich schwerfällig werden. BEFREIEN, BEFREIEN, BEFREIEN... Und dann ACHTEN Sie auf die stetig wachsende Leichtigkeit. Wenn Ihnen etwas schwer auf dem Herzen liegt, NUTZEN Sie also den Schalter BEFREIEN. Es lebe die wirkliche Freiheit!

Das Machtwort BEFREIEN AKTIVIERT die innere Freiheit, die auch die äußere Freiwilligkeit bestimmt. Sind wir uns bewusst, dass wir aus freien Stücken und für uns selbst handeln, so LÖSEN wir in diesem Moment den Zwang auf.

Ich bin FREI, zu denken, zu tun, zu handeln!
Mein Geist ist FREI von ziellosen Gedanken!

Esszwang und »Hungerangst« – BEFREIEN!
Kontrollsucht – BEFREIEN!
Eifersucht – BEFREIEN!
Seelische Belastungen – BEFREIEN!
Geistige Beschränktheit – BEFREIEN!
Von den Trugbildern der Angst BEFREIEN!
Vom Zwang des eigenen Musters BEFREIEN!

4 x

übernehmen   übernehmen   übernehmen   übernehmen

Haben Sie die Bestimmung Ihres Schicksals in die Hände anderer gelegt? Glauben Sie, dadurch wird es besser, weil Sie sich selbst nicht in der Lage sehen, zu einem besseren Dasein zu kommen? Menschen übergeben ihre Verantwortung häufig an eine höhere Fügung und glauben, dadurch müssten sie selbst nichts mehr tun. Sie warten ab – und warten vergebens. Bis sie dies aber begreifen, ist es meist zu spät, d.h. die Lebenszeit ist zu Ende. ÜBERNEHMEN ist das Machtwort, das Ihre Bereitschaft zeigt, nun wieder in die Selbstbestimmung zu gelangen.

Haben Sie sich das Beste nehmen lassen? Hat man Ihnen bereits in Ihrer Kindheit einfach alles abgenommen? Uns wird meistens mehr genommen als gegeben. Dies geschieht unter dem Versprechen »Ich will dir doch nur helfen! Ich meine es doch nur gut mit dir!« Vorsicht ist angesagt, wenn man Ihnen auf diese Weise begegnet. Im Nehmen ist immer eine eigennützige Berechnung enthalten. Lassen Sie sich nicht weiter das Leben nehmen, sondern ÜBERNEHMEN Sie wieder das Steuer. ÜBERNEHMEN Sie ab jetzt wieder die Steuerung Ihres Lebens! ÜBERNEHMEN Sie Ihre Verantwortung! ÜBERNEHMEN Sie es wieder, für sich selbst zu denken! Beenden Sie Ihre Zeit der Hilflosigkeit, und ÜBERNEHMEN Sie wieder selbst das Ruder. Bestimmen Sie, wohin Ihr Weg führen soll. – ÜBERNEHMEN ist das Machtwort, das die Situation schafft, in der Sie das, was Sie sich haben nehmen lassen, wieder zurückbekommen. Das Machtwort ÜBERNEHMEN wird alles zu Ihnen zurückbringen, was eigentlich zu Ihnen gehört.

ÜBERNEHMEN bewirkt auch, dass man nun für sich selbst handeln und einstehen will. ÜBERGEBEN Sie die Verantwortung z. B. wieder Ihren erwachsenen Kindern, damit diese ÜBERNEHMEN können.

Eigene Verantwortung ÜBERNEHMEN!

Eigene Denkweise ÜBERNEHMEN!

Selbstkontrolle ÜBERNEHMEN!

EINEN!

3x

einen   einen   einen

**   **   **

Jeder Mensch ist sozusagen »eine individuelle Ein-Zellheit« in der großen EINheit. Wir streben die bewusste VerEINigung mit dem EINEN, dem Ursprung, dem Göttlichen an. Jedes VerEINEN lässt uns größeres EINSsein erfahren, und Bewusstheit führt uns zum Erleben der EINheit.

Die meisten Menschen leben in einem Krieg mit sich selbst, weil die eine Seite gegen die andere Seite kämpft. Weil man doch »gut« sein sollte, befürchtet man, »schlecht« sein zu können. Das Gegenteilige und Gegensätzliche streitet also um das Recht der Bestimmung. Man kämpft so gegen sich selbst und unterliegt letztendlich doch immer wieder der eigenen Schwäche. EINEN ist hier der Schalter, der die innere Zerrissenheit, die durch den Wechsel vom vergessenen »Ich bin« zum verletzlichen »mich« geschaffen wurde, aufhebt. Aus dem »Ich« und »mich« wird das Wir. Wir sind dann EINS, und durch die geeinte Kraft in uns schaffen wir wahre Selbst-EINheit.

EINEN ist das Machtwort, das das wirkliche Zugehörigkeitsgefühl wieder aktiviert. Jeder sucht nach der wahren Vereinigung. Doch erst, wenn wir mit uns selbst EINS sind, kann wahre EINheit in der Partnerschaft gelebt werden. Das EINE verlangt nicht vom anderen, sich selbst aufzugeben, sondern die wesentliche EINheit erkennt die Bedeutung und die unbeschreibliche Wirklichkeit der großen EINHEIT, aus der wir alle abstammen. Eigentlich sind wir alle gleich, was uns unterscheidet, sind nur die Handlungen. Als ich einst gefragt wurde, ob ich mich denn nicht doch als mehr als die anderen sehen würde, antwortete ich: »Mich unterscheidet nichts wirklich von einem Mörder, außer dass ich diese Erfahrungen bereits hinter mir habe und ich erkannt habe, dass ich letztendlich alles mir selbst antue.«

Durch die innere Abspaltung ist man ständig angetrieben, Trennung zu vollziehen. Das Schlechte versucht sich zu trennen, indem man das scheinbar Schlechte hervorhebt. Es ist menschlich, dass man sich nicht vom Guten trennen will, also muss man das Gute zuerst schlecht machen, damit man sich ohne Wertverlust trennen kann. Bevor man sich vom Partner trennen will, beginnt man also seine schlechten und unangenehmen Seiten aufzuzählen, um sich besser trennen zu können. Menschen reden sich auch selbst um Kopf und Kragen, indem sie alles Schlechte über die gegenwärtige Arbeitsstelle aufzählen. Dabei erkennen sie nicht, dass das »schlechte Ende« letztendlich keinen »guten« Anfang nehmen kann, denn die negative innere Haltung zieht das Dementsprechende erneut an. EINEN Sie sich daher lieber mit sich selbst, um das anzuziehen, was auch im Außen Ihrem ganzheitlichen Einssein entspricht.

Der alltägliche Kampf mit sich selbst zermürbt und verbraucht sinnlos Lebenskraft. Genau die Dinge, mit denen man nie etwas zu tun haben wollte, werden zum Bedrängnis. In diesen Zeiten ist man hin und her gerissen, und der innere Widerspruch verhindert eine freie Wahl. Welche Seite hat nun Recht? Soll man sich für das eine oder das andere entscheiden? Soll der Kampf nun ein Ende haben, so ist EINIGUNG gefragt. EINEN ist der Schalter zum Befehl, dass nun die innere Spaltung und Zerrissenheit aufgelöst werden soll.

Der Mensch sucht in allem die VerEINigung mit seiner Mitwelt, wobei sich unbewusste Menschen aufgrund von Sympathie und Antipathie entscheiden. Doch das ist nur eine Schein-Einigung! Solange man sich mit sich selbst nicht verEINt hat, wird die Vereinigung mit einer anderen, geliebten Person nicht gelingen. Der innere ZWEIfel führt zu persönlicher Zerrissenheit – und diese wiederum zu zielloser Unentschlossenheit.

Ich will EINS SEIN mit meiner Seele! Ich will EINS SEIN mit meinem Schöpfergott, um meinem wahren Wesen voll zur Wirkung zu verhelfen! Dieses Ziel hilft, die Abspaltung, die durch das eigene Ego entstanden ist, zu überwinden. Im liebevollen EINSsein mit sich selbst wird man den Partner oder die Partnerin anziehen, mit dem oder der das EINSsein in bewusster Zweisamkeit erlebt werden kann.

EINEN Sie Ihre innere und äußere Seite, und erleben Sie wahre EINheit. Sie erleben in diesem Moment Vollkommenheit. EINEN Sie sich mit der Kraft der Natur (Bäume, Pflanzen, Tiere, Wind, Wasser, Erde), und Sie erleben natürliche Stärke in Ihrem Alltag. EINEN ist der Befehl, den Zustand der Trennung aufzulösen. EINEN Sie, um wahres Einssein erleben zu können.

EINEN ist der Befehl, nun die EINheit wieder in der vollen Wirklichkeit zu erfahren und zu erleben. Ein unbeschreibliches Glücksgefühl wird sich zeigen, und dieses wird Sie von innen heraus stärken. Diese Erfahrung muss jeder selbst machen, denn nur dann wird EINheit zur persönlichen Wahrheit.

EINEN bringt die richtigen EINheiten ZUSAMMEN (optimale Zusammensetzung). EINEN löst die Illusion von Trennung und Spaltung auf! Erlebt das Ich die EINheit mit seiner Seele, entsteht das Bewusstsein von WIR! EINEN Sie Ihr Selbst! Im christlichen Glauben gibt es das Bewusstsein der Dreifaltigkeit: Vater – Sohn – heiliger Geist! (Vater = höheres Selbst, Sohn = mittleres Selbst, heiliger Geist = inneres Selbst) EINEN ist der Schalter, durch den der Befehl zur persönlichen VerEINigung erteilt wird. Zuerst EINT sich das mittlere Selbst mit dem inneren Selbst, um dann im Zusammenschluss mit dem höheren Selbst seine wahre Ganzheit zu erfahren. Wir sind dann EINS mit der Schöpfung; wir sind EINS mit dem göttlichen Lebensprinzip, das alle Formen belebt.

Ist sich Ihr äußeres Ich mit dem inneren Ich EINIG, dass Sie lange und gesund leben wollen? Dies bewirken Sie mit »*WIR* WOLLEN lange und gesund leben!« (*Wir* stellt das Ganze von Geist, Seele, Körper dar.) Das Unterbewusstsein (oder auch inneres Ich) wird mit diesem Vorschlag sicher EINIG sein. Denn das Unterbewusstsein glaubt länger an das Weiterleben, als es das äußere Ich manchmal noch kann. Der innere Überlebenswille hat schon vielen geholfen, scheinbar unheilbare Krankheiten und schwierige körperliche Bedrohungen zu überwinden.

Eigenes Selbst EINEN!

Männliche und weibliche Seite EINEN, um wahre Partnerschaft zu erleben!

Geist EINEN, um gedankliche Zweifel zu lösen!

Gefühl in Liebe EINEN, um Unsicherheiten im Gefühlsleben zu überwinden!

Energiezentren EINEN, um alle Kräfte aufeinander abzustimmen und diese so effizient und optimal einsetzen zu können.

Auf dem Weg zurück zur großen Einheit suchen die Menschen ihre »andere Seite«, um sich im Ganzen zu EINEN. *»Ich will mich mit meinem/r Seelenpartner/in im wahren Miteinander verEINEN!*

ERWACHEN! / AUFWACHEN!

$$3x4 = 12x$$

erwachen erwachen erwachen
erwachen erwachen erwachen
erwachen erwachen erwachen
erwachen erwachen erwachen

** ******

Wer seine Träume verwirklichen will, muss wach sein!

Für die meisten Menschen scheint ihr Leben ein einziger Alptraum zu sein. Wie oft hört man Menschen sagen: »Mein Leben kommt mir vor wie ein böser Traum!« Oder: »Wann hört dieser Alptraum denn endlich auf?« Wie wahr! Wir gehen mit geschlossenen Augen durchs Leben, und solange wir dies tun, SEHEN wir die Dinge nicht, wie *sie* wirklich sind, sondern wie *wir* sind. Wir glauben, wir könnten nichts tun, sondern müssten es einfach geschehen lassen. Da kann man nur sagen: AUFWACHEN! AUFWACHEN! AUFWACHEN!

ERWACHEN ist sozusagen der Weckruf, um die persönliche Geisteskraft zu erwecken und um endlich geistig selbst aktiv und dabei gleichzeitig bewusst in seinem eigenen Lebensgefühl zu sein! Viele Menschen sehen sich selbst als Opfer fremder Mächte, denn sie leben in der inneren Haltung, dass sie selbst zu wenig oder zu gering sind, um wirklich etwas verändern zu können. Aber jeder ist in der Lage, seine eigene Realität in seinem Sinn umzuWANDELN.

Doch jede Veränderung erfordert das Einsetzen der geistigen Kraft. Menschen, die sich ständig beklagen, »es wäre sowieso alles sinnlos«, haben sich bereits aufgegeben, oder sie haben ihre eigene geistige Kraft bis jetzt noch nicht kennen gelernt. Vielleicht wurden ihnen von Kindheit an ihre eigenen Ideen immer wieder ausgeredet, so dass sie geistig müde wurden, denn man wird müde, sich immer wieder zu erklären – und es ist auch nicht wirklich der richtige Weg. Wir sollten niemandem erklären, warum wir denken, wie wir denken, denn dann würden wir nur versuchen, von anderen ihr Einverständnis zu bekommen, das wir solange brauchen, wie wir noch Selbstzweifel zulassen.

»Wacht auf, und denkt selbst!« Es gibt so viele Menschen, die mit offenen Augen schlafen, denn sie lassen sich von Unterhaltungsprogrammen und Halbwahrheiten einlullen und *lassen sich* selbst *gehen*. Man lässt sich von der Masse treiben und findet darin für sich selbst eine Entschuldigung. Die innere Stimme ruft und drängt zwar auf Einkehr, doch geht sie meist im materiellen Lärm unter. Viele sind im wahrsten Sinn in der *Unter*haltung gefangen, ganz im Sinne von: »Gebt dem Volk Brot und Spiele!« Doch wir müssen unsere Augen aufmachen, wenn wir das Licht sehen wollen und wenn wir mehr Licht aufnehmen wollen. Nur so gibt es eines Tages kein »böses Erwachen«. »SCHAU dem Leben in die Augen, denn dann schaust du auf deine eigene Schöpfung. Deine Welt ist so, wie du über sie denkst, und daher kannst du auch nur so viel SEHEN.«

ERWACHEN erhöht Ihre Wachsamkeit. Nur ein wacher Mensch kann das echte Leben genießen. WACHEN Sie also auf, und ERWACHEN Sie aus Ihrem Alptraum, denn das wirkliche Leben ist viel lebenswerter, als Sie es sich erträumen. ERWACHEN ist der Wecker, der Sie wach und aufmerksam macht, damit Sie das Leben nicht verschlafen. Am liebsten würde der Großteil der Menschen aber einfach die Augen zumachen, um das ganze Elend nicht mehr sehen zu müssen. Wie oft hört man Menschen sagen: »Ich kann das nicht mehr sehen, ich bin nur müde und möchte einfach nur noch schlafen.« Dabei ist genau das Umgekehrte die Realität: Diejenigen, die ständig müde sind, schlafen im Geist und kämpfen im Alptraum gegen ihre Verfolger oder Monster und schlagen sich mit anderen Widersprüchlichkeiten herum. Um dem Alptraum JETZT zu entkommen, können Sie zum Glück AUFWACHEN. ERWACHEN Sie! Denn das Leben spielt sich sonst ohne Sie ab, und Sie bleiben in Ihrem Alptraum gefangen! AUF-WACHEN ist der Weckruf für den »neuen Morgen« in Ihrem Leben!

In Wahrheit ERWACHEN!

Persönlichkeit ERWACHEN!

Ich will in Wissen und Weisheit ERWACHEN!

In Liebe ERWACHEN!

In Freude ERWACHEN!

ERWACHEN in selbst bestimmter Aktivität!

ÖFFNEN!

10x

öffnen	öffnen
öffnen	öffnen
öffnen	öffnen
öffnen	öffnen
öffnen	öffnen

**

Nur wer OFFEN ist, ist bereit zu EMPFANGEN. Denken Sie nur an: »Sesam ÖFFNE dich!« ÖFFNEN ist der geistige Befehl, dass sich die verborgenen Türen zeigen und Sie diese durch die Macht Ihres WOLLENS ÖFFNEN können. ÖFFNEN Sie Ihr Herz, und Sie ZEIGEN damit, dass Sie für MEHR Liebe bereit sind.

Fällt es Ihnen schwer, den richtigen Zugang zu einem Menschen oder einer Sache zu finden? Der Befehl ÖFFNEN zeigt Ihnen, wo Sie auf Offenheit treffen. ÖFFNEN bedeutet, die Ängste zu besiegen, um sich mit allem auseinandersetzen zu können. ÖFFNEN bewirkt wahre und wirkliche Freiheit, die wir uns durch Fremdeinflüsse und Einschüchterungen haben nehmen lassen. Wer verschlossen ist, verschließt sich gegenüber allem – dem Guten und dem Schlechten. Wenn wir uns dies antun, sind wir »zu«, und mit der Zeit verhungern wir geistig, seelisch und irgendwann auch noch körperlich. Machen Sie also stattdessen AUF, und WÄHLEN Sie bewusst aus Ihrer Mitte heraus. Niemand kann Sie zwingen, ein Gefangener zu sein, außer Sie blockieren sich weiter durch die Zwänge, die Sie sich auferlegt haben. ÖFFNEN Sie nun Ihre Sinne für das wirkliche Leben! ÖFFNEN ist das Machtwort, das Ihre Beklemmungen aufzulösen vermag. Seien Sie ein OFFENherziger Mensch, dem man OFFEN und mit Respekt BEGEGNEN kann.

Plagen Sie Misstrauen, und leben Sie in der Angst, weil vergangene Verletzungen nicht verarbeitet und gelöst wurden? Sind Sie verschlossen, und leben Sie somit abgeschnitten in einer eigenen und doch sehr begrenzten Welt? Gibt es Zeiten, in denen Sie sich ein- und beschränken müssen? Lassen Sie niemanden wirklich an sich heran, aber im tiefsten Inneren wünschen Sie sich, dabei zu sein und dazuzugehören? Durch Ihre Verschlossenheit isolieren Sie sich vom großen Glück des Miteinanders. Mit dem Codewort ÖFFNEN können Sie solche »Miss-Zustände« wieder überwinden. Nur durch Ihre Offenheit kann Fülle, Liebe und Reichtum in Ihr Dasein einkehren. Wer aber verschlossen bleibt, verhungert im eigentlichen Sinn.

Das Machtwort ÖFFNEN AKTIVIERT die Sicht für die jeder Lebensform innewohnende Hoffnung, die durch das ewige, innere Licht erhalten bleibt. »Die Hoffnung stirbt zuletzt!« – Nein, die Hoffnung stirbt nie, weil sie die unzerstörbare Öffnung zur inneren Zuversicht ist. Wenn alles verloren scheint, ist doch immer noch ein Fünkchen Hoffnung da, das ausreicht, um den Glauben an ein besseres Sein wieder zu aktivieren. HOFFNUNG ÖFFNET!

Herz ÖFFNEN! (Damit die Angst nicht weiter regiert.)

Geist ÖFFNEN! (Damit der Verstand in seine Schranken verwiesen wird.)

Zugang zu ... ÖFFNEN!

In der Beziehung mit ... ÖFFNEN!

In der Partnerschaft mit ... ÖFFNEN!

Wesenszugang ÖFFNEN!

Ich ÖFFNE mich für das Wunder des Lebens!

Wissensbereich ... ÖFFNEN!

Ich ÖFFNE mich für meine eigene Göttlichkeit!

In der Begegnung mit ... ÖFFNEN!

Mein eigenes Sein gegenüber der höheren Intelligenz ÖFFNEN!

Zugang zur eigenen Spiritualität ÖFFNEN!

HÖREN!

$$3x6 = 18x$$

hören   hören   hören
hören   hören   hören
hören   hören   hören
hören   hören   hören
hören   hören   hören
hören   hören   hören
**   **   **

HÖREN Sie GUT, oder HÖREN Sie ZU? Die Bereitschaft, wirklich zu HÖREN, ist dem Wachstum förderlich, doch nur wenn wir mit dem Herzen HÖREN. HÖREN Sie auf Ihr Gefühl! Wie oft haben Sie das schon geHÖRT, aber haben Sie wirklich verstanden, was diese Aufforderung beinhaltet? Viele Menschen HÖREN nur, was sie HÖREN wollen, und überHÖREN das Wesentliche. Man fragt und erwartet eine bestimmte Antwort, weil man auf Selbstbestätigung angewiesen ist, doch bedenken Sie: Wer sich täuscht, wird getäuscht. Sehr oft habe ich beobachtet, dass Menschen behaupten, etwas gehört zu haben, was nie gesagt wurde. Die Menschen stellen andauernd Fragen, sind aber selten an der Antwort interessiert. »Wie geht es dir?« ist eine davon.

Sind wir enttäuscht von dem, was wir zu HÖREN bekommen, dann ist es deswegen, weil unser Ego etwas anderes erwartet hat. Ich habe mich kürzlich selbst dabei ertappt, dass ich erwartete, von einem Freund zu hören, doch dieser meldete sich einfach nicht. Erst erlebte ich das Gefühl von Enttäuschung und Wut, doch als ich diese Gefühle LOSLASSEN konnte, war ich erleichtert, weil ich erkannt habe, dass ich nicht an freundlichen Schmeicheleien interessiert bin. Ein Freund bleibt ein Freund, auch wenn er nicht alle Erwartungen erfüllt. Ich will die Wahrheit SEHEN und HÖREN, aber eigentlich kenne ich sie bereits.

»Wer nicht HÖREN will, muss FÜHLEN!« Sehr oft sind wir in unserem Sehen fixiert und abgelenkt. Wir hängen an einem Bild fest und kommen nicht davon los. Die Ablenkung kann so ausgesprochen stark sein, dass sie uns regelrecht gefangen nimmt. Damit wir unsere Botschaft der Seele wieder wahrnehmen können, sind wir aufgefordert, auf unsere innere Stimme zu HÖREN. Indem wir die Augen bewusst schließen und uns nur noch auf das HÖREN konzentrieren, BEGEGNEN wir unserem Gefühl, und wir ERKENNEN, ob wir uns sicher FÜHLEN oder ob uns Angst dazu BEWEGT, sofort die Augen wieder zu ÖFFNEN. Durch bewusstes HÖREN können wir unser Gefühl »sehen«!

Meistens gilt: Je lauter ein Mensch spricht, umso mehr zeigt er, dass er Angst hat, überhört zu werden und dass seine Botschaft nicht ankommt. Doch die Angst, nicht gehört zu werden, wird sich in Realität verwandeln; da können wir so laut schreien, bis wir heiser sind... Haben Sie nicht auch schon festgestellt, dass Sie sich bei allzu lauten Tönen verschließen und gar nichts mehr hören? Spricht ein Mensch aber leise und bewusst, werden die Zuhörer meist sehr viel aufmerksamer. Sobald ein Mensch flüstert, werden die Menschen innerlich wach und spitzen die Ohren, um die »Botschaft der Stille« zu vernehmen. Die leisen Töne sind die Töne, die uneingeschränkt weiter schwingen und die so nachhaltig wirken.

Betrachten Sie auch einmal einen Gegenstand, und versuchen Sie zu HÖREN, was er zu Ihnen sagt! Jeder Gegenstand spricht für sich! Er erzählt seine Entstehungsgeschichte. Trainieren Sie Ihr HÖREN, und Sie WISSEN, zu welchem Zweck eine materielle Form geschaffen wurde. Auch Tiere sprechen zu uns, und wir können ihre Botschaft über unser Gefühl HÖREN. Doch je mehr wir uns mit materiellen Dingen den Lebensraum zustellen, umso mehr liefern wir uns dem materiellen Lärm aus. Oder stellen Sie sich selbst eine Frage, und Sie werden feststellen, wenn Sie in die Stille gehen, können Sie ganz klar die Antwort Ihrer Seele HÖREN. Es wird sich ein Gefühl von Freude und Sicherheit einstellen, denn die Antwort Ihrer Seele ist klar und einfach, so dass keine Fragen offen bleiben.

Es gibt zwar viele Menschen, die ständig Fragen stellen und auch Antworten bekommen, aber diese passen ihnen nicht, und so fragen sie weiter und weiter und werden zu lästigen Plagegeistern, die anderen dauernd in den Ohren liegen. Weil man die eigentliche Antwort nicht HÖREN will, plagt man sich weiter und lässt auch andere nicht »in Ruhe sein«. – Die Antwort verändert das Leben. Achten Sie darauf, warum Sie fragen und ob Sie überhaupt an der Antwort interessiert sind. Oder fragen Sie manchmal, um Bestätigung zu erhalten oder um deutlich zu machen, dass Sie auch etwas wissen? Suchen Sie nach Bestätigung für Ihre inneren Unsicherheiten, und wiederholen Sie ständig Ihre Zweifel? Oder fragen Sie, um Ihr Gegenüber im Wissen zu »testen« und gegebenenfalls sogar bloßzustellen? Sinnlose Fragerei stumpft ab und führt zu Gefühllosigkeit. Wehren Sie sich, wenn Sie jemand immer wieder das Gleiche fragt, denn es gibt Menschen, die fragen so lange, bis sie das zu HÖREN bekommen, was sie in ihrer Bequemlichkeit verbleiben lässt. Fragen auch Sie selbst nur, wenn Sie die Antwort nicht fürchten! Wenn Ihnen etwas zu Ohren kommt, HÖREN Sie in sich hinein, und überprüfen Sie, ob sich das, was Sie zu HÖREN bekommen, für Sie wahr anfühlt! Die meisten Fragen könnte man sich aber sparen, denn sie sind längst beantwortet! Warum fragt man überhaupt immer das Gleiche? Passt die Antwort nie, weil sie unbequem ist? Fragen Sie sich selbst, und Ihre Seele antwortet bestimmt – in Ihrer Sprache!

Wenn Sie in diesem Moment etwas HÖREN, und Sie haben es im nächsten Moment bereits wieder vergessen, dann haben Sie ZUgeHÖRT, aber Sie haben nicht wirklich geHÖRT und verstanden. »Ich HÖRE, was du sagst« hat eine ganz andere Bedeutung, als wenn man sagt:»Ich HÖRE dir ZU!« BEACHTEN Sie: *Alle* Antworten bezüglich Ihres eigenen Seins, sind in Ihrem Inneren gespeichert. Dem Weisen antwortet daher das Leben, bevor er überhaupt eine Frage stellt. Ich bin mir sicher, dass Sie auch schon solche Momente erlebt haben. ERINNERN Sie sich JETZT! ACHTEN Sie darauf, dass die unbequeme Antwort ein großes Geschenk an Sie ist, wenn Sie sich bewusst damit auseinandersetzen. Bewerten Sie nicht, sondern ACHTEN Sie einfach auf die Botschaft. Tut die

Antwort weh, so ist es Zeit, dass Sie nun AUFWACHEN. Vielleicht haben Sie immer befürchtet, man würde schlecht über Sie reden – und so geschieht, was Sie eigentlich ablehnen. Mit was liegen Sie anderen in den Ohren? HÖREN Sie selbst, was Sie sagen? (»Der Lauscher an der Wand hört seine eigne Schand!«) – Haben Sie wieder ein OFFENES Ohr für sich selbst, dann können Sie auch jeden anderen VERSTEHEN.

HÖREN Sie die bewegende Stille Ihrer Seele, und FÜHLEN Sie Ihre eigentliche Größe. *Der Wissende spricht nicht, der Sprechende weiß nicht!* Es gibt Antworten, die keine Worte haben.

Botschaft meiner Seele HÖREN!
Antwort auf meine Frage ... HÖREN!
Stille HÖREN!
Botschaft der Schöpfung HÖREN!
Antwort auf die Frage ... HÖREN!
Wahrheit HÖREN!

ERFÜLLEN!

10x

erfüllen erfüllen
erfüllen erfüllen
erfüllen erfüllen
erfüllen erfüllen
erfüllen erfüllen

**

Solange wir den falschen Werten unsere Aufmerksamkeit schenken, werden wir letztendlich immer leer ausgehen. Die materiellen Dinge sind nicht von Bestand und geben auch keine wirkliche Sicherheit, und die Verpackung sagt im Grunde nichts über den Inhalt aus. ERFÜLLEN bewirkt, dass »erfüllende Fülle« in Ihr Dasein kommt. In der Fülle der Dinge wird das Wesentliche meistens in den Hintergrund gedrängt, und die erschreckende Leere ist gerade in den Industriestaaten sehr verbreitet. Fragen Sie sich: Was soll sich wie für Sie ERFÜLLEN? Neigen Sie zu negativen Erwartungen, und ACHTEN Sie verstärkt auf negative Prognosen? Dann wird sich Ihre Erwartungshaltung auf diese Weise ERFÜLLEN! Vielleicht wäre es wichtig, JETZT Ihre Erwartungen und Vorstellungen zu BEREINIGEN!

Scheint für Sie manchmal alles leer und sinnlos zu sein? Fehlt Ihnen der Zugang zur wirklichen Fülle? Dann ist es auch unmöglich, geistig, seelisch und körperlich Erfüllung zu erleben. »Die Hülle ist nicht die Fülle!« Der äußere Rahmen ist ohne Bedeutung, denn nur der Inhalt könnte erfreuen – und im schlimmsten Fall enttäuschen. Wir werden so erzogen, auf das äußere Erscheinungsbild zu ACHTEN, wie wir uns dabei FÜHLEN, ZÄHLT aber scheinbar nicht. So verirren wir uns im Missverständnis zum wahren Glücklichsein. Wir fühlen uns für eine kurze Zeit scheinbar erfüllt, wenn wir beispielsweise ein neues Kleid anziehen. Doch dieses Gefühl verschwindet nach kurzer Zeit, und die innere Leere wird wieder deutlich.

Suchen Sie schon lange nach Ihrer wahren Erfüllung? Haben Sie noch nicht bemerkt, dass sich alles in der Art und Weise ERFÜLLT, wie Sie denken? Jeder Gedanke muss sich ERFÜLLEN! So wird die innere Leere und Sinnlosigkeit niemals in einer Form Erfüllung bringen. Doch in den Zeiten, in denen wir loslassen, um bewusste Leere zu schaffen, können wir mit unserem Geist neue Fülle bestimmen. ERFÜLLEN bewirkt das Bewusstsein der selbst bestimmten Fülle. Fülle kennt keine Wertung, sondern nur das ganzheitliche Erfüllen EINER Lebensidee. Unsere Realität bestimmt sich durch das, was wir denken, und unser Denken ist, was wir FÜHLEN. Da man sich ständig beeinflussen lässt, entsteht ein Wirrwarr an Gedanken und unkontrollierten Vorstellungen. Wahre Erfüllung erfahren wir, wenn wir mit der uneingeschränkten Macht unseres Geistes tätig sind. Wir sind dann fähig, das Unmögliche möglich zu machen, und dies beflügelt uns weiter zu höheren Taten. Wenn wir im Geist beflügelt sind, dann haben wir wirkende Freiheit erlangt und allfällige Hindernisse gehören der Vergangenheit an.

Wer ohne Zweifel an die Erfüllung glaubt, der wird sie bestimmt in kürzester Zeit erleben. Falls Sie aber Zweifel aufkommen lassen, und die äußert man meist mit der Zeitfrage, wann »es« denn so weit sein wird, dann dauert es einfach ein wenig länger. Denn der Druck von Zeit verhindert jegliche Erfüllung und zerstört zudem auch noch die Vorfreude. Wahre Erfüllung zeigt sich darin, dass uns äußere Dinge nicht mehr beeindrucken. ERFÜLLEN ist der Schalter, der wahre Fülle aktiviert.

ERFÜLLEN Sie sich jeden Wunsch! Denn die Kraft und die Fähigkeit haben Sie mit auf diesen Weg bekommen. Sobald Sie sich die Erfüllung eines Wunsches ganz konkret vorstellen, erfüllt Sie ein Gefühl von wissender Freude, die sich nicht mit Worten erklären lässt. Sehen Sie sich selbst voll und ganz in der Erfüllung Ihres Lebenszieles aufgehen. Schmücken Sie Ihre Wünsche, indem Sie diese durch Ihr Gefühl ausmalen. Durch sich selbst ERFÜLLT zu SEIN, macht wunschlos glücklich!

Partnerschaftswunsch ERFÜLLEN!
Kinderwunsch ERFÜLLEN!
Leben im eigenen Sinn ERFÜLLEN!
Wunsch nach tatsächlicher Liebesvereinigung
ERFÜLLEN!
Ich werde RUHIG und wende mich dem göttlichen Funken in mir zu, so dass mich die Intelligenz des Universums ERFÜLLT!

5x

begeistern   begeistern   begeistern   begeistern   begeistern

Wie steht es mit Ihrer BEGEISTERUNGSfähigkeit? Oder sind Sie von allen guten Geistern verlassen? Das Zauberwort BEGEISTERN weckt Ihre inneren Lebensgeister, so dass mit Geistreichtum die alltägliche Armseligkeit geheilt werden kann. Gehen Sie mit BEGEISTERUNG an eine Sache, und Sie werden vom Resultat selbst SO BEGEISTERT sein, dass Ihr Geist von neuen Ideen nur so übersprudelt. ENTDECKEN Sie den Geist in der Sache, indem Sie den Schalter BEGEISTERN betätigen. GEIST-Reichtum erschafft Reichtum im Liebesleben, im Berufsleben, im finanziellen Wachsen, im materiellen Sein. Seien Sie jeden Tag aufs Neue durch sich vom Leben BEGEISTERT!

Sind Sie eigentlich von sich selbst BEGEISTERT? Oder haben Sie nur wenig Freude an dem, was Sie tun? Lassen Sie sich von der BEGEISTERUNG anderer Menschen anstecken, oder sind Sie davon unangenehm berührt? Steuert der Verstand Ihre Gedanken, so werden Sie kaum Begeisterung erfahren und dementsprechende Resultate haben. BEGEISTERN bewirkt hier, dass Geist und Gefühl EINS werden, und durch dieses göttliche Gespann werden Freude und Erfüllung nicht lange auf sich warten lassen.

Haben Sie auch schon Situationen erlebt, in denen Sie ganz begeistert von Ihrem Vorhaben erzählt haben? Doch da war jemand, der es doch tatsächlich geschafft hat, Sie mit seinem Zweifel anzustecken – und schon war die Begeisterung wie weggeblasen! Lassen Sie Ihr Herz sprechen und Ihren Geist fühlen! Eine eigenartige Kombination?! – Aber die einzig wahre, die zur wirklichen Erfüllung führt. BEGEISTERN ist das Machtwort, das unsere Geistesgegenwart voll und ganz zur Geltung bringt. Wollen Sie beispielsweise eine Geschäftsidee vorbringen, dann tragen Sie diese vor, und verstärken Sie Ihren Vortrag aber noch mit dem Schalter BEGEISTERN. Sagen Sie immer wieder – laut oder leise – BEGEISTERN, BEGEISTERN, BEGEISTERN, dann warten Sie, und spüren Sie, wie Ihre BEGEISTERUNG Raum einnimmt.

BEGEISTERN ist das Machtwort, das mehr Geist in die Sache bringt, BEGEISTERN ist der Befehl zu mehr geistiger Fülle. Einer, der mit BEGEISTERUNG an eine Sache herangeht, wird Großes zu Stande bringen. Leider fehlt es vielen Menschen an BEGEISTERUNG, sie gehen nur noch zur Arbeit, weil die materiellen Zwänge sie dazu treiben. Lustlos erschaffen sie tagtäglich mehr Eintönigkeit, und sie »ergrauen« zusehends. Der Geist zieht sich immer mehr zurück, und was zurückbleibt, das sind Marionetten, die sich nach den Fäden bewegen, die ein anderer zieht.

Doch jeder Mensch kommt mit einer persönlichen Lebensidee in diese Welt, und er will diese Idee in jeder Form verwirklichen. Es ist das »Senfkorn« seines Geistes, das nur von innen heraus zum Wachsen gebracht werden kann. Damit der Geist seine wahre Stärke ZEIGEN kann, begibt er sich in Umstände, die ihm nicht entsprechen, doch durch die Kraft des eigenen Geistes können die Umstände entsprechend der geistigen Kraft ideal verändert werden.

In der Kindheit wird die persönliche Lebensidee meist zurückgedrängt, indem man zu hören bekommt: »Vergiss deine Ideen, und mache das, was ICH denke, was DU sein kannst.« Das Kind wird so in seiner BEGEISTERUNGSFÄHIGKEIT eingeschränkt, so dass es mit der Zeit gar keine Lust zu geistiger Aktivität hat. Leider vergessen die meisten Menschen auch ihre persönliche Lebensidee, und sie scheitern wiederholt an den Theorien, die am eigentlichen Leben vorbeigehen.

Sie können ihren Plan nun wie folgt AKTIVIEREN: »*Ich will mit meiner eigenen persönlichen Lebensidee BEGEISTERN!*« BEGEISTERN ist der Schalter, der Ihren Geist in die Sache, in die Situation, in die Beziehung bringt. BEGEISTERN Sie diese Welt, und seien Sie von sich selbst BEGEISTERT, denn nur so können Sie voll und ganz ZEIGEN, was für ein »zauberhafter Geist« in Ihnen steckt. Rufen Sie mit BEGEISTERN Ihren Genius hervor. Egal, was Sie tun, tun Sie es mit BEGEISTERUNG!

Ich BEGEISTERE mich für die Tätigkeit als ...!

Ich bin BEGEISTERT von dem, was mir widerfahren ist!

BEGEISTERT mache ich mich auf meinen Weg zu...!

Mit der Lösung zum Thema ... BEGEISTERN!

Für die Zusammenarbeit mit ... BEGEISTERN!

FÜGEN (EINFÜGEN)!

4x

fügen   fügen   fügen   fügen

Haben Sie auch bereits Momente erlebt, in denen Sie eine höhere Fügung gespürt haben, die Ihre Geschicke zum Guten bewegte? Mit dem Codewort FÜGEN öffnen sich in der Tat Lücken, die Sie durch »die Mauer schlüpfen lassen«, und mit FÜGEN können Sie alles neu ZUSAMMENsetzen. FÜGEN wir ZUSAMMEN! FÜGEN wir EIN! FÜGEN wir uns im besten Sinn! VerFÜGEN Sie über Ihre Chancen, und plötzlich haben Sie die Gelegenheit, Ihre Chance in der Tat zu NUTZEN. Sie müssen sich nicht gezwungermaßen in Ihr Schicksal FÜGEN, sondern setzen Sie das Machtwort FÜGEN ein, um zu ERKENNEN, was noch nötig ist, um Ihre Erfahrung zu vervollkommnen, damit alles GANZ nach Ihrem Sinn ist. Sie verFÜGEN über die innere Weisheit, die Sie nun mit FÜGEN AKTIVIEREN und NUTZEN können.

EINFÜGEN ist der Schalter, mit dem wir allem den »richtigen Platz« zuweisen können. Denn versuchen wir etwas Bestimmtes an einem falschen Platz zu verankern, so entstehen Disharmonien.

Ist es nicht wunderbar, wenn man auch der eigenen, höheren Fügung vertrauen kann? FÜGEN ist das Machtwort,

163

das bewirkt, dass Sie Ihre geistigen Helfer dazubitten können, damit diese in Ihr persönliches Spiel eingreifen sollen. In solchen Fällen sprechen wir von »höherer Fügung«. Wir stecken manchmal in solch einem Wirrwarr von Lebensirrtümern fest, dass es schwer wird, da wieder herauszufinden. Dies kommt einerseits daher, dass wir oft nicht wissen, womit wir zuerst beginnen sollen, und so überfordern uns die Ereignisse. Andererseits sind wir mit den Ereignissen bereits zu sehr verstrickt. Sagen Sie in solchen Situationen: *»Es soll sich alles zum Besten FÜGEN!«* Mit dem Zauberwort FÜGEN kommt wieder Ordnung in den Ablauf der Geschehnisse, und die Lücken können gefüllt werden, um in die ursprüngliche Ganzheit zu gelangen. Bitten Sie um eine »glückliche FÜGUNG«, wenn es um die Auflösung von Schwierigkeiten geht.

Können Sie Ihrer inneren FÜGUNG noch VERTRAUEN? Nein? Dann ist es höchste Zeit, dass Sie mit FÜGEN die Hilfe Ihrer Mitwelt wieder annehmen können, so dass sich alles zum Besten wenden kann.

Wissen Sie nicht, wie Sie die Dinge am besten aufeinander abstimmen können? Wollen Sie das, was Sie bereits machen, mit neuen Dingen erweitern, aber Sie wissen nicht wie? FÜGEN / EINFÜGEN ist das Machtwort, das Ihnen hilft, ein neues optimales Ganzes zu schaffen. Statt also den dauernden Versuch zu unternehmen, etwas auszuschließen, könnten Sie mit EINFÜGEN die Dinge neu miteinander verbinden, und gleichzeitig ERKENNEN Sie, was überflüssig geworden ist.

Durch einseitige Handlungen gerät unser Leben aus den Fugen. Bestimmte Teile sind abgenutzt und andere ungenutzt, nichts passt mehr zueinander. Wie FÜGT sich unser Schicksal? »Wie FÜGE ich mich am besten?« FÜGEN ist das Machtwort, das solche Unsicherheiten zu klären vermag. Übergeben Sie kurzzeitig das Steuer Ihrem höheren Selbst, und FÜGEN Sie sich in den Situationen, in denen Widerstand und Kampf zwecklos sind. Vertrauen Sie auf die höhere FÜGUNG, und stellen Sie sich der höchsten Idee der Quelle zur VerFÜGUNG.

Treffen mit XY FÜGEN!
Visionäre Fähigkeit EINFÜGEN!
In Situation FÜGEN!

REALISIEREN!

3 x

realisieren   realisieren   realisieren

Machen Sie ständig Pläne, aber bleibt es letztendlich bei der theoretischen Vorstellung? WOLLEN Sie die wahre Realität hinter dem Wort erleben? Dann probieren Sie es mit dem Machtwort REALISIEREN.

REALISIEREN sich immer die falschen Dinge in Ihrem Leben? Dies könnte daher kommen, dass Sie sich an die unerwünschten Realitäten klammern. Denn je mehr man etwas verurteilt und ablehnt, umso stärker aktiviert man das Unerwünschte. Ein negativ denkender Mensch winkt z. B. ab, wenn Sie ihm Ihre Träume offenbaren: »Sei doch realistisch, und schau das Leben an, wie es ist!« Dabei weist er auf alle Unzulänglichkeiten hin, und so setzt man seinen Fokus auf die zu erwartenden Probleme statt auf die ebenfalls vorhandenen Möglichkeiten.

Glauben Sie, dass Ihre besten Vorstellungen nur unerfüllbare Träume sind? Hat man Ihnen in der Kindheit immer wieder gesagt, dass Sie ein Träumer sind, der die wirkliche Realität hart erfahren wird? REALISIEREN holt die verborgenen Träume hervor, so dass der Traum kein Traum mehr bleibt, sondern sich in fühl- und sichtbarer Wirklichkeit manifestiert. REALISIEREN Sie Ihre Fähigkeiten! REALISIEREN Sie Ihre Vorstellung von liebevoller

Partnerschaft! REALISEREN Sie Ihre Vorstellung von finanziellem Reichtum! REALISIEREN Sie Ihre Vorstellung von einem vollkommenen, absolut gesunden und ewig jungen Körper! Doch auch hier ist Vorsicht geboten, damit nicht Zweifel und Ungeduld die Verwirklichung Ihres Lebenstraumes verhindern. GLAUBEN, LIEBEN, LEBEN sind Codewörter, die diesen Prozess mit Sicherheit noch mehr unterstützen. LIEBEN Sie es, in einer wahren Partnerschaft höchstes Glück und Vereinigung zu erleben. GLAUBEN Sie daran, dass es den wahren Partner, die wahre Partnerin für Sie wirklich gibt. LEBEN Sie bereits in Vorfreude, wenn Sie sich die Erfüllung Ihres Traumes vorstellen. – Vorfreude ist die Gewissheit über die kommende Erfüllung!

Besteht Ihre hauptsächliche Realität aus konstantem »Re-Agieren«, und kommen Sie selbst gar nicht dazu, das Geschehen selbst zu bestimmen? Ist es bei Ihnen wie bei einem Tennismatch? Derjenige, der aufschlägt, bestimmt, was Sie tun müssen? Dann sind Sie der Realist, der sich selbst aufgegeben hat, der bereits vor langer Zeit resigniert hat und im Irrtum gefangen ist, die Vorstellungen seiner Mitwelt pflichtbewusst und gewissenhaft erfüllen, ertragen und leben zu müssen. Das Codewort REALISIEREN aber aktiviert Ihren großen Meister der Selbstbestimmung, der sich nun die Realität so gestaltet, dass sie Ihrem Wunsch und Ihren Vorstellungen entspricht.

Ein Mensch, der kapituliert hat und dem man neue Wege aufzeigen will, antwortet auf die angebotene Lösung meistens: »Aber bei all dem musst du realistisch bleiben.« Dadurch gibt er zum Ausdruck, dass er selbst nicht in der Lage ist, mittels seiner Kraft die Dinge tatsächlich umzugestalten. REALISIEREN ist das Machtwort, das neue Wege zur Verwirklichung aufzeigen kann. Es ist einfach Ihre Geduld und Ausdauer gefragt, denn alles, was einst als unmöglich erschien, ist irgendwann möglich geworden. Die Geisteskraft kennt keine Grenzen, außer die, die wir ihr selbst setzen.

REALISIEREN ist das Machtwort, das das Unsichtbare sichtbar macht. Ihre Lebensidee soll sich praktisch, physisch und materiell verwirklichen. REALISIEREN Sie, was Sie sich erträumen. Schreiben Sie Ihre Traumvorstellungen auf, und AKTIVIEREN Sie diese mit dem Schalter REALISIEREN.

Eigene Lebensabsicht REALISIEREN!

Meinen wahren Gewinn bei der Sache ... REALISIEREN!

Lebenstraum ... REALISIEREN!

Projekt XY REALISIEREN!

Erfindung für ... REALISIEREN!

Freude REALISIEREN!

Zuversicht REALISIEREN!

Herzliches und offenes Miteinander REALISIEREN!

Familienfrieden REALISIEREN!

NUTZEN!

9x

nutzen nutzen nutzen
nutzen nutzen nutzen
nutzen nutzen nutzen
** **

Mit dem Codewort NUTZEN können Sie den NUT-ZEN in allem erkennen. Auch das scheinbar Nutzlose hat seinen Sinn, aber wenn man etwas als nutzlos bewertet, kann man den Sinn dahinter nicht erkennen. NUTZEN Sie die Gelegenheit, die sich Ihnen im Moment bietet. Worauf warten Sie noch? NUTZEN bewirkt, dass nun endlich geerntet werden kann.

ACHTEN Sie aber darauf, dass Sie sich selbst nicht benutzen lassen, denn das hieße, dass Sie sich dem Zweckdenken anderer hingegeben hätten. Doch ACHTEN Sie auch darauf, dass Sie nicht andere Menschen für Ihre Zwecke benutzen. NUTZEN Sie die Gunst der Stunde, und Sie werden wirklich erfahren, dass sich alles irgendwie lohnt.

»Es nützt alles nichts!« Diesen verheerenden Satz hört man aus vielen Mündern. Nichts ist auch etwas, doch nicht das, was man wirklich will. Wenn Sie NICHTS sind, NICHTS haben, NICHTS können – sind Sie dann NICHT mehr? Sie sind trotzdem am Leben. NICHTS ist der unbefriedigte Zustand von verirrtem Geist! Für die Seele ist NICHTS ALLES, für den Verstand ist NICHTS LEERE sowie Verlust, und es verursacht Angst.

Wir stecken oft in unseren Alltagssituationen fest. Doch da diese Situationen durch unser inneres Muster geschaffen wurden, wird es meist sehr schwierig, selbst auf die Mechanismen dieser Schwierigkeiten und Beschränkungen zu kommen. Dafür bieten viele Ratgeber (Psychologen, Lebensberater, Lehrer, Geistliche, Schamanen, Medien, Ärzte usw.) ihre Hilfe an. Von den vielen, erteilten Ratschlägen sind die meisten allerdings nutzlos; entweder weil sie das Problem nicht lösen oder weil der Ratgeber selbst sein Problem »damit« noch nicht gelöst hat. Aber es gibt durchaus auch Ratgeber, die mittels ihrer Erkenntnis zur Lösung beitragen können, doch kann der Ratsuchende dann diesen Rat oft nicht UMSETZEN, weil ihm zwar die Erkenntnis einleuchtet, er aber selbst noch nicht zu dieser Erkenntnis gekommen ist. – NUTZEN ist das Codewort, das Ihnen hilft, den guten Rat und die weise Erkenntnis eines anderen Meisters UMSETZEN zu können. Scheint Ihnen also ein Rat gut und vernünftig, aber gleichzeitig scheint die Anwendung in Ihrem Fall nutzlos, so wenden Sie NUTZEN an.

Auch die Natur produziert viele Schätze zu unserem NUTZEN. Sie teilt ihre Produkte mit uns und dient damit unserer Lebensqualität. SCHÄTZEN Sie den NUTZEN, und Sie werden einen größeren NUTZEN davontragen können.

Was nützt das Gute, wenn man es nicht erkennt? NUTZEN Sie die Gunst der Stunde – JETZT und IMMER WEITER...

Delfinkraft NUTZEN!

Kraft des Windes NUTZEN!

Kraft der Erde NUTZEN!

Pflanzenkraft NUTZEN!

Kraft der All-Liebe NUTZEN!

Geisteskraft NUTZEN!

Heilkraft der Pflanze XY NUTZEN!

Regenerationskraft der Natur NUTZEN!

Verjüngungskraft der Natur NUTZEN!

Chance als... NUTZEN!

Erkenntnis des Meisters ... (z. B. Jesus, Buddha, Mohammed, Lady Nada usw.) NUTZEN!

Volle Hirnkapazität NUTZEN!

Den heutigen Tag NUTZEN!

SCHÄTZEN!

8x

schätzen schätzen
schätzen schätzen
schätzen schätzen
schätzen schätzen

**

Was von unschätzbarem Wert ist, lässt sich nicht mit Worten beschreiben. Um dahin zu kommen, sind wir aufgefordert, das Geringste zu SCHÄTZEN. SCHÄTZEN Sie die vorhandenen Werte, indem Sie sich hinsetzen und einfach einmal alles aufschreiben, was Sie an Ihrem Körper SCHÄTZEN. Was SCHÄTZEN Sie an Ihrem Partner oder Ihrer Partnerin? Wie SCHÄTZEN Sie Ihre Kinder? SCHÄTZEN lässt uns die Werte wieder SEHEN, vor allem dann, wenn wir glauben, »es« hätte keinen Wert mehr. SCHÄTZEN öffnet unseren Blick und unsere Sinne für den vorhandenen Reichtum.

Übrigens: Nur weil ein Mensch zu einem anderen Mensch »Schatz« sagt, bedeutet es nicht, dass dieser dessen Wert erkennt oder dass ihm dieser bewusst ist. Manchmal kommt es mir vor, als hätte man nur den Namen vergessen, und so bleibt man mit der Anrede »Schatz« und »Schätzchen« unpersönlich und unverbindlich. Dies ist nur möglich, weil sich die Menschen so gerne mit Worten täuschen lassen...

Jegliches Werten basiert auf der Geringschätzung des Egos. Bewerten wir die Menschen, die Dinge, die Zustände, so nehmen wir uns selbst die Gelegenheit, den wahren Wert im Geschehen zu ERKENNEN. SCHÄTZEN ist das Zauberwort, das die wahren SCHÄTZE hervorzaubert. SCHÄTZEN schärft den Blick für die wirkenden und wirklichen Werte. Manchmal wissen wir unser Glück im Moment nicht zu SCHÄTZEN, leider lernen wir die Dinge meist erst im Nachhinein zu SCHÄTZEN, und das fortgesetzte Bedauern wird WEITER verhindern, was wir JETZT SCHÄTZEN könnten. Sie können dies JETZT ÄNDERN, indem Sie den Schalter SCHÄTZEN betätigen. Man wird Ihnen wahre Wertschätzung entgegenbringen, wenn Sie Ihre innere Haltung auf SCHÄTZEN umgestellt haben.

Haben Sie Ihre persönlichen Werte verloren, und SCHÄTZEN Sie sich falsch ein? Leider haben Sie für die Werte anderer gelebt und Ihre Werte vernachlässigt. Das kann nie gut gehen und wird nie Wertschätzung, sondern nur Geringschätzung einbringen! »Welchen Wert hat es noch, wenn ich mich mit meiner Mutter / mit meinem Vater auseinandersetze?« Denken Sie daran, in ALLEN Begegnungen ist ein Geschenk für Sie verborgen. Doch wenn wir mit einer negativen Haltung besetzt sind, können wir den Wert der Begegnung schlichtweg nicht erkennen, und wir lassen uns den Gewinn entgehen. Alles hat einen Wert! Alles macht Sinn! Doch ist dies für uns nicht immer so leicht zu erkennen.

Haben Sie nicht auch schon die Erfahrung gemacht, dass Sie von Menschen in der Tat positiv überrascht worden sind, von denen Sie das nie erwartet, ja gar gedacht hätten? Leider SCHÄTZEN wir auch die Gesundheit meist erst dann, wenn wir der Krankheit begegnen. SCHÄTZEN ist das Machtwort, das die vorhandenen Werte zu steigern vermag. SCHÄTZEN Sie das Leben! SCHÄTZEN Sie das Miteinander! SCHÄTZEN Sie Ihren Arbeitsplatz! SCHÄTZEN Sie Ihre Gaben! SCHÄTZEN wir die Dinge, die uns das Leben tagtäglich so selbstverständlich schenkt. Die Natur teilt ihre Schätze mit uns, sie erträgt unsere Unachtsamkeit und nährt uns trotzdem. SCHÄTZEN Sie den Regen, der die Erde tränkt, so dass die Pflanzen wachsen und gedeihen können! Jammern Sie nicht, denn dann ist Ihnen das Gute zu viel, und es regnet nur noch. Jammern ist das Verweilen im so genannten Jammertal. SCHÄTZEN Sie den Wind, der die Samen weiterträgt wie ein Briefbote die guten Nachrichten. SCHÄTZEN Sie die Sonne, die das Leben in der Erde dazu ermutigt, nach dem Himmel zu streben! SCHÄTZEN Sie die Tiere, die Pflanzen, die Üppigkeit der Natur! SCHÄTZEN Sie die gute Luft, die unsere Lungen mit Leben erfüllt! SCHÄTZEN Sie die Weisheit, die in jedem Wesen schlummert, und AKTIVIEREN Sie diese, so dass alle mit den wesentlichen Erkenntnissen GESEGNET HANDELN! Werden wir alle zu Schatzfindern!

Beziehung zu meiner Mutter SCHÄTZEN!

Beziehung zu meinem Vater SCHÄTZEN!

Beziehung zu XY SCHÄTZEN!

Tätigkeit als ... SCHÄTZEN!

Meine persönliche Eigenart SCHÄTZEN!

Fremde Eigenarten zu SCHÄTZEN WISSEN!

Finanzielle Freiheit SCHÄTZEN und sich dafür BEDANKEN!

Vitalität im Körper SCHÄTZEN!

VORBEREITEN!

20x

vorbereiten vorbereiten vorbereiten vorbereiten vorbereiten
vorbereiten vorbereiten vorbereiten vorbereiten vorbereiten
vorbereiten vorbereiten vorbereiten vorbereiten vorbereiten
vorbereiten vorbereiten vorbereiten vorbereiten vorbereiten

** ** ** **

In meiner Beratungspraxis werde ich oft gefragt: »Wann ist es denn endlich so weit, dass ich der wahren Liebe begegne?« Meine Antwort, die ich selbst von meinen inneren Ratgebern erhalten habe, lautet dann immer: »Wenn du bereit bist.« Viele könnten mit der wahren Liebe und der entsprechenden Partnerschaft nicht wirklich etwas Gutes anfangen, weil der innere Minderwert, die Eifersucht und der Selbstzweifel noch zu stark das Handeln bestimmen. VORBEREITEN ist hier der Schalter, der uns hilft, uns selbst im besten Sinn »herauszuputzen«, so dass wir strahlend auf dem Lebensfest erscheinen können. Wenn Sie sich also nach einer innigen Liebesbeziehung sehnen, und doch tut sich nichts, dann könnten Sie sich mit VORBEREITEN bereit machen. Wünschen Sie sich, endlich Direktor im Unternehmen zu werden, in dem Sie solange schon Ihren treuen Dienst tun? Wenden Sie »Direktor von ... sein« VORBEREITEN an, und dann schauen Sie, was sich ereignet. Vieles trifft nur nicht ein und kann nicht eintreffen, weil wir selbst nicht wirklich VORBEREITET sind und uns nicht wirklich BEREIT fühlen, um das Abenteuer zu wagen.

Der Übergang in höhere Ebenen und höhere Bereiche bedarf immer einer gewissen VORBEREITUNGszeit. VORBEREITEN ist das Codewort, das Sie auf neue Bereiche einstimmt, so dass Sie vollkommen gerüstet sind, wenn dieser Übertritt erfolgen soll und sich die Gelegenheit dazu bietet. VORBEREITEN bewirkt, dass Sie sich von allem BEFREIEN können, was Sie in der Vergangenheit lassen sollten, und gleichzeitig treten neue Dinge an Sie heran, die Sie im besten Sinn und optimal auf das freudige Ereignis VORBEREITEN. »Ich bin bereit, Neues zu wagen!« Diese innere Haltung zeugt von Mut und von einer durch sich selbst gereiften Persönlichkeit. Übrigens ist VORBEREITEN ein Schalter, den Sie jeden Morgen und jeden Abend einsetzen können, dann sind Sie optimal für den Tag eingestellt und können auch im Schlaf viel Kraft schöpfen.

Es geht einfach nur darum, dass Sie es ausprobieren. Es ist so selbstverständlich, dass wir uns auf eine Prüfung VORBEREITEN, weil wir bestehen wollen. Doch in unserem Alltag begegnen uns so viele Fallen und Prüfungen, auf die wir negativ VORBEREITET wurden, und daher kommt es zu solchen unangenehmen Missgeschicken und Fehlhandlungen. Wenden Sie daher ab jetzt das Machtwort VORBEREITEN an, um für das Beste gerüstet zu sein. Seien Sie im besten Sinn VORBEREITET, indem Sie einfach VORBEREITEN sagen – IMMER WIEDER...

Bereit für ein Wunder? Bereit für die Liebe? Wenn Sie kein »ja aber« mehr auf den Lippen haben, dann sind Sie wirklich bereit, um zu EMPFANGEN. Nur wer keine Einschränkungen mehr macht, ist auf das Beste VORBEREITET. Mit dem Machtwort VORBEREITEN können Sie nun PRÜFEN, welche Vorbereitungen noch zu treffen sind.

Ich bin BEREIT für den nächsten Schritt im Bereich...

Optimales Prüfungsergebnis im Bereich...
VORBEREITEN!

Vorstellungsgespräch mit XY VORBEREITEN!

LASSEN! / LOSLASSEN!

5x

loslassen   loslassen   loslassen   loslassen   loslassen

10x

lassen   lassen
lassen   lassen
lassen   lassen
lassen   lassen
lassen   lassen

**

Um etwas geschehen LASSEN zu können, braucht man den Mut des Meisters: WACHSEN LASSEN, um wirklich groß zu werden. BEGREIFEN LASSEN, um selbst VERSTEHEN zu können. Selbsterfahrung MACHEN LASSEN, um in der Selbsterkenntnis zu REIFEN. Sich hingeben und vertrauensvoll einen anderen Meister für sich MACHEN LASSEN, ist nicht immer leicht und erfordert großes Vertrauen und innere Selbstausrichtung, denn ansonsten würde die Angst eingreifen.

LASSEN ist der Schalter, der Ihnen hilft, den Dingen – im Selbst-Vertrauen – ihren Lauf zu LASSEN und nicht vorschnell einzugreifen. Wenn die Angst regiert, dann ist sofort die Kontrolle am Werk. Krampfhaftes Festhalten zeigt in Wahrheit die Haltung, dass das Beste schon vorbei ist und man nun von den Resten zehrt. Man glaubt, alles schon gehabt zu haben, und so lebt man von der Erinnerung an längst vergangene Zeiten. Man trauert also verpassten Gelegenheiten nach, und was hat das zur Folge? Das Leben bringt nur noch verpasste Gelegenheiten, denn das ist die bestimmende Macht des Unterbewusstseins. Sie erleben, dass Sie immer einen Tick zu spät sind und dass Sie alles knapp, aber doch sicher verpassen.

»LASSE mich mit deinen Wünschen in Ruhe!« Wie oft haben Sie diesen Satz schon gehört? Richtig könnte es heißen: »Lasse mich in der Ruhe«, denn nur aus der ruhenden Mitte kann man alles steuern. »In der Ruhe LASSEN« könnte helfen, die Unruhe zu vertreiben.

Sind Sie bereit, Ihrer Freiheit zu begegnen? Haben Sie nun den Mut, alles LOSZULASSEN, weil Sie begriffen haben, dass Ihr eigenes Festhalten Sie bindet? Wollten Sie etwas besitzen, weil Sie immer von der Angst geplagt waren, nichts zu haben und alles zu verlieren? LOSLASSEN stärkt den inneren Mut zur wahren Selbstbegegnung und Selbsterfahrung. Viele Menschen klammern sich an Personen, Gegenstände, Situationen, weil ihnen das innere Vertrauen fehlt und sie noch nicht begriffen haben, dass sie auch ohne das geringste Festhalten HABEN erleben können. Festhalten ist das zwanghafte Halten an etwas, was sowieso vergänglich ist. So altern wir im Festhalten und bleiben gebunden in vergangenen Ängsten und Vorstellungen. LOSLASSEN ist das Machtwort, das bewirkt, dass wir nicht weiter an Dinge gefesselt sind. Wenn wir LOSGELASSEN haben, können wir alles genießen. Alle materiellen Dinge und Situationen sind vergänglich und dem Untergang geweiht, und wenn wir danach streben, diese Dinge zu besitzen, so besetzen sie mit der Zeit nur uns. Irgendwann ist die Zeit da, wo man alles LOSLASSEN muss und man seine wahren Besitztümer anschauen kann. Wer nicht wesentlich gewachsen ist, wird arm sterben, und die Erben konzentrieren sich auf der Beerdigung eher auf die Verteilung der materiellen Güter als darauf, dem Verstorbenen herzlich zu gedenken.

Es gibt Zeiten, da werden wir zum LOSLASSEN gezwungen, damit endlich etwas Besseres kommen kann. Ich kann sagen, dass ich in solchen Momenten sehr viel MEHR GEWONNEN habe. LOSLASSEN ist nur für das Ego eine Herausforderung, denn das wahre Ich geht sowieso nie eine Bindung ein. Betätigen Sie den Schalter LOSLASSEN, um das zu bekommen, was IMMER Freude MACHT!

Hemmende Gedanken LOSLASSEN!

Vergangenheit LOSLASSEN!

Fixierung auf ... LOSLASSEN!

Mangel LOSLASSEN – Fülle EMPFANGEN!

$$2x5 = 10x$$

machen   machen
machen   machen
machen   machen
machen   machen
machen   machen

**

MACHT ist für viele ein schreckliches Wort, weil sie damit Vorstellungen von Ohnmacht und Unterdrückung verbinden. Hier sieht man deutlich, was Worte MACHEN KÖNNEN. In meiner Praxis habe ich oft erlebt, dass Menschen beim Wort »Erfolg« meist denken, es ginge nur um Karriere und Machtstreben, dabei folgt ein Moment dem nächsten. So hat jeder Mensch Erfolg. Gleich verhält es mit dem Wort »Luxus«: »Lux« bedeutet Licht und Fülle, aber viele haben dieses Wort mit der Vorstellung von Verschwendung belegt.

Welche MACHT haben Worte auf uns? Was MACHT es, wenn wir dies oder jenes zu HÖREN bekommen? Wir beklagen uns über die Machenschaften anderer und ACHTEN kaum darauf, was wir selbst MACHEN. Vergeblich suchen wir die Macht über andere, denn dadurch MACHT man sich in der Tat abhängig. Wer Macht über andere anstrebt, wird tief fallen. So viele wollen an die Macht, um sich zu bereichern oder um sich zu rächen. Einer stürzt

182

den anderen und verspricht dem Volk Verbesserungen, die jedoch kaum eingehalten werden können. Doch die Menschen neigen dazu, andere für sich MACHEN zu LASSEN, weil sie glauben, sie hätten selbst zu wenig Macht. Aber jeder von uns hat die Macht, diese Welt zu VERÄNDERN, nämlich durch sich selbst.

»Ich MACHE doch gar nichts!« »Nein, ich MACHE immer, was andere sagen, so dass ich nichts falsch MACHEN kann!« Genau dies ist das Verkehrteste, was Sie MACHEN können, denn auf diese Weise MACHEN Sie sich selbst zum ohnmächtigen Opfer fremder MACHENschaften. MACHEN ist ein Codewort, bei dem es sehr wichtig ist, wie Sie dieses kombinieren. »Ich lasse andere für mich die Drecksarbeit MACHEN.« Dies zeigt beispielsweise, dass Sie ein Herrscher übelster Sorte sind. Irgendwann werden Sie sich hier in einer Situation wiederfinden, in der Sie ständig gezwungen sind, den Dreck für andere wegMACHEN zu müssen. Denn einmal sind wir Täter, und dann erleben wir als Opfer die Konsequenz der Tat, um unsere Erfahrung und unsere Erkenntnis zu vervollkommnen: Es gibt die EINE Seite nicht ohne die andere. Eine große Illusion ist es auch, dass äußere Ereignisse die Macht hätten, uns zu verletzen. In Wahrheit hat nichts und niemand diese Macht, solange wir den anderen die Macht dazu nicht verleihen. Fragen Sie sich einmal: Wem und was geben Sie die Macht?

Mit dem Codewort MACHEN RICHTEN Sie Ihren Fokus wieder auf das, was Sie selbst MACHEN KÖNNEN. ENTDECKEN Sie Ihre ursprüngliche Macht WIEDER, indem Sie den Schalter MACHEN betätigen. Anstatt sich mit dem MACHEN und dem Nicht-MACHEN anderer zu beschäftigen, bringt es wesentlich mehr, sich auf das eigene MACHEN zu konzentrieren. MACHEN ist der Schalter, der das Bewusstsein über die eigene MACHT wieder aktiviert und der helfen kann, die gespeicherte, aber in Wahrheit unwirkliche Ohnmacht zu MEISTERN. MACHEN Sie endlich, was Sie schon lange MACHEN WOLLTEN! ERKENNEN und NUTZEN Sie Ihre, Ihnen innewohnende Macht der Selbstgestaltung und Selbstbestimmung. Besiegen Sie Ihre Ohnmacht mit dem Machtwort MACHEN. MACHEN macht, dass Sie sich groß und mächtig FÜHLEN, aber ohne sich über andere zu erheben.

Die Lösung für wahre Zufriedenheit basiert auf dem, was wir selbst MACHEN. Statt sich also lang und breit darüber zu beklagen, wie und was andere MACHEN, könnten wir unsere OhnMACHT mit Selbst-MACHEN HEILEN!

Im Sinne meines Lebensplanes MACHEN!
Alles MACHEN, was der wesentlichen Befreiung DIENT!

FREUEN!

$$2x7 = 14x$$

freuen   freuen
freuen   freuen
freuen   freuen
freuen   freuen
freuen   freuen
freuen   freuen
freuen   freuen

**

Freude herrscht, wenn Sie *sich* FREUEN! Ist Ihre Lebenssituation ERFREULICH oder eher trostlos? Leben Sie in Trauer über verpasste Gelegenheiten, und hadern Sie mit Ihrem Schicksal? Blasen Sie die ganze Zeit Trübsal? Oder behaupten Sie, Sie hätten gar nicht viel zu lachen, und glauben Sie, dass die kleinen Momente der Freude sowieso nur Zufall sind und ohnehin nicht von Dauer?

Hat man Sie auch dauernd davor gewarnt, sich zu früh zu FREUEN? »Freu dich nicht zu früh!« Wie oft haben Sie diese Drohung vernommen, und wie oft haben Sie sich die Freude nehmen lassen? FREUEN Sie sich schon JETZT, und lassen Sie sich von keinem Zweifler mehr die Freude verderben. PLANEN Sie ekstatische Freude! PLANEN Sie vollkommene FREUDE! Zelebrieren Sie immer wieder Momente der Freude, indem Sie etwas Leckeres kochen und lieb gewonnene Menschen dazu einladen. Wenn die Frage kommt »Hast du Geburtstag, oder was gibt es zu feiern?«, dann antworten Sie einfach: »Jeder Tag ist mein Geburtstag, denn ich erhalte so viele FREUDEN und Geschenke vom Leben, und hiermit will ich zeigen, dass ich diese sehr zu SCHÄTZEN weiß.« Sie werden staunen, denn Sie werden weiterhin viel zu feiern haben! TEILEN Sie Ihre Freude, und jeder der Ihr Freund ist, wird sich von Ihrer Freude anstecken lassen.

Kinder können sich noch von Herzen FREUEN, weil sie die Dinge noch nicht bewerten. Erst die zweifelnden Erwachsenen treiben ihnen die Freude regelrecht aus, indem man ihnen ständig droht, ihnen alles wegzunehmen, was ihnen Freude macht. Man denkt, wenn man Kindern die schlimmsten Vorstellungen ausmalt, würden diese zur Vernunft kommen. Verderben Sie ab jetzt keinem mehr die Freude, sondern AKTIVIEREN Sie Ihre Lebensfreude mit dem Machtwort FREUEN! GEBEN Sie der Freude eine Chance!

FREUEN Sie sich, bevor Sie Ihr Büro betreten, dann brauchen Sie keine Angst vor schlechten Nachrichten zu haben. FREUEN Sie sich, wenn Sie zum Briefkasten gehen, dann gelingt es Ihnen, die Angst vor ungeliebten Rechnungen zu WANDELN. WANDELN Sie Ihren Ärger mit dem Schalter FREUEN! Unterstützen Sie die Freude, indem Sie sich mitFREUEN. Stellen Sie sich die Freude eines geliebten Menschen vor, und schon sind Sie selbst ganz froh! Ein wichtiger »Freudebringer« ist, wenn Sie die freudigen Ereignisse und Momente anderer SEGNEN und sich innerlich mit diesen Menschen FREUEN – egal ob Sie diese Menschen persönlich kennen. Stellen Sie sich die Freude vor! Alleine Ihre innere Freude wirkt wie ein Magnet, und das Leben wird Sie mit Ereignissen überraschen, die größte Freude in Ihnen auslösen! FREUEN bewirkt, dass Sie mehr von dem anziehen, was Ihnen Freude macht. FREUEN Sie sich, damit aus Ihrem Alltag ein Sonntag werden kann. Sie haben immer mehr freudige Begegnungen, wenn Sie den Schalter FREUEN betätigen.

FREUEN ist auch das Machtwort, das Trauer vertreiben kann. Trauer und Traurigkeit ist eine Emotion, die dem Ego gut tut und aus dem das Ego die Kraft für das Drama schöpft. Stirbt ein Mensch, so trauern Menschen darüber, dass sie diesen Menschen nun nicht mehr haben oder dass ein anderer Mensch nun nicht mehr über diesen Menschen verfügen kann. Würden wir jeden Menschen mit den Augen der Liebe sehen, dann würden wir respektieren, dass diese Seele nun einen persönlichen Schritt nach vorn gemacht hat, auch wenn wir dies mit dem Verstand nicht immer nachvollziehen können. LIEBEN bedeutet LOS-LASSEN, keine Bedingungen zu stellen und keine Bindungen aufzubauen. Wahre Liebe zieht Liebe an, und so liebt man nicht den Zweck, sondern einfach das Sein. Was der größte Teil der Menschheit allerdings für Liebe hält, ist in Wahrheit egoistische Sucht- und Selbstbefriedigung. Darum ist man traurig, am Boden zerstört, wütend und eifersüchtig, weil es sich der Partner / die Partnerin erlaubt, nun nicht mehr zu geben, was man so dringend zur Befriedigung braucht.

FREUEN ist das Machtwort, das alles zum Vorschein bringen kann, an dem Sie wirklich Ihre Freude haben werden.

BEGINNEN Sie JETZT damit, sich zu FREUEN! Beenden Sie das Trauerspiel, und betätigen Sie den Schalter FREUEN!

Jede »Selbst-Erkenntnis« wird unbeschreibliche Freude auslösen. Mit dem Machtwort FREUEN AKTIVIEREN Sie den wahren Grund für echte Lebensfreude.

NACHGEBEN! / AUFGEBEN!

4x

nachgeben ** nachgeben ** nachgeben ** nachgeben **

8x

aufgeben aufgeben aufgeben aufgeben
aufgeben aufgeben aufgeben aufgeben
**   **   **

GEBEN ist das Machtwort, das ZEIGT, über welche Gaben Sie VERFÜGEN. NACHGEBEN und AUFGEBEN sind die Machtwörter, die bewirken, dass wir nachträglich GEBEN KÖNNEN, was zuvor zu wenig war, so dass die »Sache aufgehen« kann.

Hat es viele Momente gegeben, in denen Sie gezwungen waren, NACHzuGEBEN, weil der andere stärker war als Sie? Haben Sie sich geschworen, dass Sie den Moment erleben wollen, in dem der andere gezwungen sein wird, Ihren Vorstellungen nachzugeben? Dann befinden Sie sich ständig in Kriegsvorbereitungen, die Sie von den schöpferischen Möglichkeiten abhalten. Sie sind besetzt mit einer bestimmten Vorstellung des Mangels und der Vorstellung, dass »die Sache nicht ausgeglichen ist«. GEBEN befreit vom Mangel in der Zukunft, und NACHGEBEN bedeutet, in einem Punkt noch etwas zu GEBEN, weil in der Vergangenheit zu wenig GEGEBEN wurde. Mit NACH-GEBEN befreien Sie sich selbst von dem Zwang zur erneuten Auseinandersetzung und schaffen den befruchtenden Ausgleich.

Manchmal ist man so in etwas verbissen und kann dadurch nichts anderes mehr denken und tun, so dass man sich selbst ein Gefängnis errichtet hat. NACHGEBEN bewirkt die persönliche »Selbst-Befreiung« und die nachträgliche Beigabe.

Menschen fragen sich immer wieder: »Was ist meine wirkliche Aufgabe?«, weil sie glauben, sie müssten ihr Leben verdienen. Wir neigen dazu, zu sparen und Werte zurückzubehalten. Mit dem Machtwort AUFGEBEN könnten wir Klarheit schaffen, was wir GEBEN könnten, um auf eine höhere Bewusstseinsstufe zu gelangen. Was können wir tun? Wir müssen nichts AUFGEBEN, doch können wir AUFGEBEN, um WEITER zu kommen. Wir könnten den falschen Stolz AUFGEBEN, um uns über unsere innere Größe FREUEN zu können. Vielleicht sind Sie in einer Situation, in der es das Beste ist, nachzugeben und aufzugeben, damit das Besondere sichtbar werden kann. Vielleicht: »*Im Streit mit XY für wahre Zufriedenheit NACH-GEBEN!*« Warum streiten wir? Warum führen wir Krieg? Meistens geht es darum, dass man etwas haben will, was sich ein anderer genommen hat, oder ein anderer stellt eine Forderung an uns, weil dieser glaubt, er wäre im »Geben und Nehmen« zu kurz gekommen. Wir wollen den anderen »klein kriegen«, um uns selbst im Zweikampf bestätigt zu sehen. »Ich kann dies einfach nicht zulassen, weil ich sonst mein Gesicht verliere und der andere glaubt, ich würde mir alles gefallen lassen.« Diese innere Haltung führt aber nur zum sinnlosen Kampf. NACHGEBEN bewirkt, dass man GEBEN kann, um letztendlich wieder EMPFANGEN zu können.

Im Verlaufe unseres Lebens sind uns viele Fehlhaltungen beigebracht worden. Viele Menschen glauben, dass man mit Druck und Erpressung etwas erreichen kann. Weil man es schafft, die Schuldgefühle eines anderen anzugehen oder wenn man den Irrglauben von Abhängigkeit aktiviert, dann setzt man negative Gefühle ein, um den anderen zu einem bestimmten Verhalten zu zwingen. Diese Unarten beherrschen uns dann, und wir leben dadurch in einem emotionalen Gefängnis, aus dem es kaum einen Ausweg zu geben scheint. AUFGEBEN ist der Schalter, mit dem wir negative Haltungen zugunsten von positiven Einstellungen ersetzen könnten. AUFGEBEN ist der Schalter, der bewirkt, dass eine negative Haltung zugunsten einer wahrhaft positiven Grundhaltung ersetzt werden kann. AUFGEBEN zeigt uns, welche Aufgaben wir uns selbst gestellt haben, und mit dem Machtwort AUFGEBEN können Sie den Zugang zu Ihrer Lebensaufgabe wieder finden. Wir sind von unserem Lebensplan abgekommen und haben unsere ursprünglichen Ziele verloren, weil wir uns selbst zum vermeintlichen Wohl anderer aufgegeben haben. AUFGEBEN AKTIVIERT nun die Kraft, mit der wir uns selbst GEBEN KÖNNEN, was wir brauchen.

Ich will meine Sucht nach ... AUFGEBEN, um mein Leben besser genießen zu können!

Ich will die negativen Erinnerungen und Erlebnisse meiner Vergangenheit AUFGEBEN, um meinen positiven Erinnerungen mehr Raum geben zu können!

Ich GEBE meine Sucht nach Bestätigung nun AUF, um den wahren Genuss zu erfahren!

UMSETZEN!

$$3 \times 4 = 12 \times$$

umsetzen	umsetzen	umsetzen
umsetzen	umsetzen	umsetzen
umsetzen	umsetzen	umsetzen
umsetzen	umsetzen	umsetzen
**	**	**

Solange man das Gefühl hat, man wäre zur falschen Zeit am falschen Ort, wird man seine Fähigkeiten und Begabungen nicht UMSETZEN können. Hat man die Erfahrung gemacht, dass man mit seinem Potenzial unerwünscht ist, zieht man sich zurück und setzt nichts mehr um. UMSETZEN ist das Machtwort, das den Mut zur bewussten Tat wieder AKTIVIERT, so dass man JETZT verwirklicht, wonach das Innerste drängt. UMSETZEN zeigt, wo man sein Potenzial am besten einsetzen kann, damit es weiter wachsen und Früchte tragen kann.

Viele Menschen setzen ihr Wissen nicht in die Tat um. Dies führt zu großem inneren Druck und zu großer Frustration. Sie entwickeln eine Wut gegenüber sich selbst, und dadurch bestrafen sie sich selbst. Oder man trägt eine Idee in sich und weiß einfach nicht, wie man diese in die Tat UMSETZEN kann, weil man sich zu sehr von bestimmten Umständen bremsen lässt.

UMSETZEN ist der Schalter, der unsere Wahrnehmung erweitert, so dass wir SEHEN können, wie sich etwas JETZT UMSETZEN lässt. UMSETZEN ist der richtige Befehl, wenn Sie eine bereits erfolgreich praktizierte Idee an einem völlig neuen Ort verwirklichen wollen. Es ist der Befehl, etwas, das bereits erfolgreich gewachsen ist, an einem neuen Ort anzupflanzen und zu verankern. UMSETZEN kann dann auch mit dem Schaltwort REALISIEREN erweitert und verstärkt werden. Eine neue Idee ist oft wie eine neue Formel, die in ein altes System eingebaut werden soll. Mit UMSETZEN macht man diese Idee sozusagen kompatibel für das bestehende System und für die bestehende Ordnung.

Fähigkeit im Bereich ... in einem eigenen Unternehmen UMSETZEN!

SIEBEN!

7x

sieben   sieben   sieben   sieben   sieben   sieben   sieben

SIEBEN ist der Schalter, der uns hilft, die wesentlichen Feinheiten zu erkennen. SIEBEN trennt die Spreu vom Weizen und aktiviert die Sicht für die ursprüngliche und wesentliche Präsenz. SIEBEN bewirkt, dass die wesentlichen Feinheiten und Außergewöhnlichkeiten aus der Masse herausgefiltert werden können. In jedem Menschen steckt etwas Besonderes und Einzigartiges, etwas Unvergleichbares, und dies zu ENTDECKEN kann wahre Freude auslösen. Wollen Sie das Besondere bei sich selbst, aber auch bei anderen Menschen und Wesen zu SEHEN bekommen? Dann betätigen Sie den Schalter SIEBEN, und lassen Sie sich einfach überraschen, was sich Ihnen OFFENBAREN wird. Erwarten Sie nichts, denn das würde nur bedeuten, dass Sie mit einem vorgefassten Bild besetzt sind. Wir wurden darauf trainiert, mehr auf die Hülle als auf den Inhalt zu ACHTEN. Doch der Unsichere, der glaubt, er würde an der Verpackung den Wert des Inhaltes erkennen, wird mit Sicherheit »die Katze im Sack kaufen«. Die ganze Werbung ist darauf ausgerichtet, durch die Verpackung anzulocken und neugierig zu machen. Man liest, was auf der Verpackung steht, und man glaubt dieser Botschaft, ohne selbst wirklich zu prüfen und sich durch sein eigenes Gefühl zu vergewissern. Erst mit der Zeit wird der Mangel auffallen, wenn der Inhalt nicht nährt und nicht hält, was versprochen wurde. Enttäuscht der Inhalt, vermag allerdings auch die Verpackung nicht mehr zu begeistern. SIEBEN ist das Machtwort, das Ihnen hilft, das Beste zu erkennen, es hilft Ihnen, Ihr Auge für Besonderheiten zu schulen. Wenn Sie heute diese Seite aufgeschlagen haben, SIEBEN Sie jeden Moment, um das Außergewöhnliche in Ihren scheinbaren Gewohnheiten zu ERKENNEN.

Je unsicherer ein Mensch ist, umso stärker wird er auf die Verpackung achten. Dies ist auch das ewig täuschende Verhalten in der Partnersuche. Weil man nach einem bestimmten Bild Ausschau hält, verpasst man die wahren und erfüllenden Gelegenheiten. Man strebt stattdessen nach einen Ideal-Bild, das es nie geben kann. Aber auch der Stress, dem Bild, das ein anderer von uns hat, zu entsprechen, zerstört jegliche Lebensfreude. Mit der Zeit wird dieser sagen: »Du passt nicht mehr in mein Bild, geh mir aus den Augen, ich kann dich nicht mehr sehen!« Rücken Sie daher das Besondere Ihres Wesens wieder in die Mitte des Geschehens, indem Sie das Machtwort SIEBEN einsetzen. – Wer ein Bild sucht, wird die Seele verpassen!

SIEBEN ist das geistige Sieb, das die Täuschung vom Wahren zu trennen vermag, so dass nur noch die Essenz übrig bleibt. Letztendlich nährt ohnehin nur der Inhalt, und die Hülle wird weggeworfen.

Unbewusste Menschen halten an Gewohnheiten fest; selbst die besonderen Gelegenheiten (Geburtstagsfeier,

Hochzeit, Jubiläen und andere Festivitäten) bedeuten für sie das Einhalten gewohnter Traditionen. Das Besondere verkümmert so zum Zwang, und daher werden solche Fest nach all dem Organisationsstress meistens zur müden Enttäuschung. Der Rahmen muss stimmen, ob man dabei glücklich und zufrieden ist, scheint erstmals unwichtig. SIEBEN hilft uns, das für uns Unwichtige vom Wichtigen zu unterscheiden. MACHEN Sie aus Ihrem Alltag ab jetzt immer einen besonderen Tag, indem Sie einfach SIEBEN!

SIEBEN ist die geistige Lupe, die Ihnen hilft, das Außergewöhnliche sichtbar zu MACHEN! SIEBEN holt die konkrete Einzigartigkeit, die in jedem Wesen unvergleichlich ist, hervor.

ACHTUNG!/ACHTEN! BE-OB-ACHTEN!

$$8x$$

achten achten achten achten achten achten achten achten

$$2x3 = 6x$$

beobachten   beobachten
beobachten   beobachten
beobachten   beobachten

**

ACHTUNG ist das, was jedem zusteht. ACHTEN ist der Schalter in Ihnen, der gleichzeitig Ihre persönliche Aufmerksamkeit für die inneren und äußeren Sinne sowie für die Abläufe stärkt. »ACHTE auf dich, und sei ACHTsam, wenn du anderen BEGEGNEST!« Dieser Rat ist viel wert, wenn Sie sich die Zeit dafür nehmen. Jeder sehnt sich danach, beACHTET zu werden, doch solange man sich selbst nicht BEACHTET, wird kaum echte »Be-Achtung« von außen zurückkommen können. Ernten Sie immer wieder Verachtung und missachtet Ihre Mitwelt Ihre Gefühle, so ist dies ein Zeichen, dass Sie sich selbst verachtet und missachtet haben.

»ICH BE-OB-ACHTE *MICH*!« Das wesentliche Ich oder auch die wesentliche Ich-bin-Präsenz in Ihnen beobachtet das kleine »mich« wie eine Mutter, die ihr Kind betrachtet und ihm im Notfall zur Seite steht. Durch die »Selbst-Betrachtung« gelangt man zur »Selbst-Erkenntnis«, die für die Befreiung unerlässlich ist. Anstatt ständig darauf zu ACHTEN, was andere tun, sollten wir zuerst uns selbst BEOBACHTEN. Denn nur so gelingt es uns, unser eigenes Dazutun zu begreifen, um schließlich wichtige Erkenntnisse zu gewinnen. Der ängstliche Mensch ACHTET sorgsam darauf, ob ein anderer etwas falsch macht, um diesen dann sofort auf sein fehlerhaftes Verhalten aufmerksam zu machen. Man bestraft Menschen durch Missachtung und Verachtung und schließt diese dadurch aus der Gemeinschaft aus: Man lässt sie spüren, dass sie das Wohl anderer Egoisten zu wenig geachtet haben. Wer sich ACHTUNG und Ansehen verdienen will, ist also scheinbar gezwungen, seine Selbst-ACHTUNG zu verlieren. Dies führt früher oder später dazu, dass man sich selbst und andere verletzt, beleidigt und zerstört. Dabei erkennt man für sich selbst nicht, dass man damit seine eigene Verachtung und Ausgrenzung vorprogrammiert. Achtsamkeit sich selbst gegenüber führt zur Achtsamkeit gegenüber allen Lebensformen. BEACHTEN ist der Schalter, der die Würde und den Respekt aktiviert, um dem wahren und wirklichen Sein gerecht zu werden. ACHTUNG ist ein Warnruf für erhöhte Aufmerksamkeit.

Es gibt Menschen, die fordern Gerechtigkeit, weil sie sorgsam darauf achten, ob alles mit rechten Dingen zugeht. Doch das Fordern von Gerechtigkeit ist nur ein anderes Wort für Rache. Tatsächliche Achtsamkeit führt zu innerem Verständnis, das auf bedingungsloser Liebe basiert.

ACHTEN Sie sich selbst! BEOBACHTEN Sie Ihr eigenes Tun! BEOBACHTEN Sie Ihr eigenes Verhalten, denn darin liegt der Schlüssel zur wesentlichen Erkenntnis, und die »Selbst-Erkenntnis« ist der Schlüssel zum Paradies. Daher findet man diesen Schlüssel nur in seinem eigenen Herzen. Keine Religion, keine Lehre, keine Philosophie führt ins Paradies, sondern nur das eigene Verstehen. Menschen klammern sich an Lehren, weil ihnen eingeredet wurde, dass diese »geistigen Vorschriften« wichtig sind. Nur wer diesen folgt, findet angeblich den Weg ins Paradies. Welch' ein Irrtum, der zu so großen Enttäuschungen führen muss. Die Lehre wird zum Zwang, wenn man es nicht versteht, diese in seinen eigenen Handlungen zu verwirklichen.

ACHTEN Sie auf die 7 kosmischen Gesetzmäßigkeiten, die da sind: »Alles ist Geist«, »alles unterliegt dem Gesetz von Ursache und Wirkung«, »alles ist Entsprechung«, »alles ist Schwingung«, »alles ist Resonanz«, »alles bewegt sich in einem bestimmten Rhythmus«, »alles steht sich durch die Polarität und Geschlechtlichkeit gegenüber«.

Persönliche Wesensart BEACHTEN!

Auf die wahren Gefühle ACHTEN!

Sich selbst BEOBACHTEN!

Eigenes Tun und Verhalten BEACHTEN!

BEOBACHTEN, ob man das tut, was man tun wollte!

Eine Situation BEOBACHTEN, um persönlich seine Wahl zu treffen.

14x

neutralisieren	neutralisieren
neutralisieren	neutralisieren
neutralisieren	neutralisieren
neutralisieren	neutralisieren
neutralisieren	neutralisieren
neutralisieren	neutralisieren
neutralisieren	neutralisieren

**

Im zwischenmenschlichen Machtkampf werden wir bereits in der Kindheit dazu gezwungen, Partei zu ergreifen. »Auf welcher Seite stehst du?« Eigentlich auf keiner, aber wir wurden aufgefordert, Stellung dafür oder dagegen zu beziehen. Nun haben wir uns auf eine Seite begeben und müssen dadurch gegen die andere Seite sein. NEUTRALISIEREN ist das Machtwort, das bewirkt, dass wir wieder in eine wertfreie Position kommen können. Wir streben an, weder noch zu sein, denn nur in der Mitte sind wir nicht weiter gezwungen, die eine oder die andere Seite zu sein.

Unsichere Menschen brauchen Menschen, die sich auf ihre Seite schlagen und die zu ihnen halten, auch wenn sie völlig im Unrecht sind. Man beschuldigt andere für schlechtes Tun, um selbst berechtigt zu sein, nun noch schlechter zu handeln. Sind Sie in solche Kämpfe verwickelt, dann könnten Sie mit NEUTRALISIEREN wieder aus dieser unschönen Situation herausfinden. NEUTRALISIEREN Sie Ihre Position in Ihrer jetzigen Situation, um sich grundlegend neu zu positionieren. NEUTRALISIEREN ist wie die weiße Flagge, die den Anfang für den Frieden setzt.

Wir sind besetzt durch viele Vorurteile, Meinungen und Irrtümer, die wir nur schwer loswerden können. Zu sehr wurden diese durch die Befürchtungen genährt, so dass sie wie schwer zu vernichtendes geistiges Unkraut gewachsen sind. Eigentlich wissen wir, »dass es Blödsinn ist«, doch gleichzeitig schenken wir diesem Blödsinn unsere Aufmerksamkeit. NEUTRALISIEREN ist das Machtwort, das unsere »Haltung für eine Partei« aufzulösen vermag.

Vergessen Sie es, es jedem Recht machen zu wollen. Dies wird Ihnen – selbst mit der größten Mühe – niemals gelingen. NEUTRALISIEREN Sie Ihre Meinung, da sie nur Ihren Geist beschränkt und behindert. NEUTRALISIEREN Sie Ihre Haltung Ihrem Chef gegenüber, denn nur so können Sie – durch die mittlerweile gewonnene Erkenntnis – Ihre Chancen neu NUTZEN. NEUTRALISIEREN Sie Ihre Haltung, bevor Sie Ihre Mutter oder Ihren Vater besuchen, denn nur so sind Sie nicht mehr in der vorgefassten Meinung Ihrer unglücklichen Kindheit gefangen.

Wie viele Menschen müssen sich tagtäglich gegen andere Menschen stellen, weil ein anderer Mensch dies von ihnen fordert und weil sie selbst Angst haben, man könnte sich gegen sie stellen. Viele leben im Unfrieden mit einem bestimmten Menschen, und nun verlangen Sie von Ihrem Partner/Ihrer Partnerin, dass dieser ebenfalls im Unfrieden ist und – damit glauben Sie, im Recht zu sein. ÜberPRÜFEN Sie, ob dem so ist. NEUTRALISIEREN Sie dann Ihre Haltung, sich selbst und dem inneren Frieden zuliebe. Beenden Sie die einseitige Sichtweise, und betätigen Sie den Schalter NEUTRALISIEREN!

ERLEUCHTEN!

1 4 x

erleuchten   erleuchten
erleuchten   erleuchten
erleuchten   erleuchten
erleuchten   erleuchten
erleuchten   erleuchten
erleuchten   erleuchten
erleuchten   erleuchten

**

Zu wissen, zeigt, dass man gelehrt ist. Andere wertfrei zu erkennen, ohne sie zu beurteilen, zeigt, dass man weise ist. Sein Ich zu erkennen, zeigt, dass man ERLEUCHTET ist.

ERLEUCHTUNG bedeutet, die Wirklichkeit zu SEHEN, wie sie wirklich ist! Meist sieht man jedoch nur das, was man SEHEN will, und man übersieht dabei das Wesentliche.

Die Menschen sind auf der Suche nach Licht und werden doch vom Schein angezogen. Die weit verbreitete Scheinheiligkeit basiert auf der falschen Haltung, gut sein zu wollen. Indem man seine Wohltätigkeit zur Schau stellt, vertuscht man das Schlechte. Es geht darum, dass der Schein gewahrt bleibt, und dafür inszeniert man eine große Show und lenkt von dem ab, was nicht gesehen werden soll. Scheinbar meint man, was man offenbar nicht versteht und begreift. Geblendet vom äußeren Schein tappen die meisten Menschen im Dunkeln. Sie suchen das Licht im Außen und verbrennen daran, wie Motten, die ins Licht fliegen, um darin zu sterben. Leider gibt es viele Lehren, die ein Blendwerk sind, um vom wahren Licht abzulenken. Wirkliche Erleuchtung kann aber nur durch »Selbst-Erkenntnis« erreicht werden, die zu »Selbst-Bewusstheit« führt. »JETZT ist mir ein Licht aufgegangen!« »Das LEUCHTET mir ein!« ERLEUCHTEN ist das Machtwort, das bewirkt, dass das wahre Sein vom vorgetäuschten Schein unterschieden werden kann.

Es leiden so viele Menschen unter Depressionen, die ihren Alltag trüb und schwer erscheinen lassen. Das Äußere vermag nicht mehr zu erfreuen, und so sieht man nur noch schwarz. Diese »geistige Umnachtung« wurde letztendlich aus dem unerfreulichen Streben kreiert, von anderen in einem »guten Licht gesehen zu werden«. Der Fehler liegt darin, dass man sein eigenes Licht völlig vergisst, und so verlöscht es mit der Zeit. In jeder Zelle unserer Körpers »brennt das ewige Licht«, doch NÄHREN wir dieses nicht durch unser Bewusstsein, wird es immer weniger werden, weil wir kein Öl nachgießen. Ein depressiver Mensch sieht nur noch schwarz und spürt sowie sieht sich im Wesentlichen nicht mehr. Sein Dasein ist ein einziger, riesiger Schmerz, der alles bestimmt. ERLEUCHTEN ist der Schalter, der das innere Licht wieder AKTIVIERT und erneut zur Wirkung bringt. Ein erleuchteter Mensch urteilt nicht, sondern erkennt in allem seinen Sinn.

ERLEUCHTEN ist der Schalter, der das innere Licht einschaltet, damit wir wieder alles SEHEN KÖNNEN. ERLEUCHTEN ist das Machtwort, das die Energie in Gang setzt, die unsere Blindheit wieder zu HEILEN vermag. ERLEUCHTEN ist der Schalter, der das Licht in uns anschaltet, das keine Schatten wirft. Wenn wir wieder voll und ganz DAS LICHT sind, dann gibt es keine Dunkelheit und somit auch keine Furcht und Angst mehr.

ERLEUCHTEN kann Ihnen die Augen ÖFFNEN und bereitet Sie darauf vor, dass Sie alles SEHEN und VERSTEHEN können, ohne darunter zu leiden. MACHEN Sie Ihre eigenen Erfahrungen, und LEUCHTEN Sie in Ihrem Sinn! Das Leuchten in Ihren Augen wird andere Menschen in ihrem Wesen berühren!

Eigenes Sein ERLEUCHTEN!
Wirklichkeit ERLEUCHTEN!

11x

ermutigen   ermutigen   ermutigen
ermutigen   ermutigen   ermutigen
ermutigen   ermutigen   ermutigen
ermutigen   ermutigen
      **   **

Mut, zu sich selbst zu stehen, Mut, sich selbst zu vertrauen, Mut, alles zu wagen, was die innere Stimme rät, Mut, so zu leben, wie man es wirklich fühlt. Der Mut ist angeboren, und wir bringen diese Kraft in die Welt mit. Leider wird der »natürliche Mut« eines Kindes häufig durch die Angst und durch die Befürchtungen der Erwachsenen geschwächt, ja oft sogar ganz zerstört. Dadurch mutieren Menschen zu Feiglingen, die allem aus dem Weg gehen. Am Schluss dieses Daseins sind viele Menschen unglücklich über sich selbst, weil sie den Rest ihres Mutes nicht zusammengenommen haben, um das zu verwirklichen, woran sie innerlich glaubten. ERMUTIGEN ist das Machtwort, dass die Entdeckerkraft in uns wieder AKTIVIERT. Haben Sie also viele gute Ideen, doch fehlt Ihnen der Mut, diese anzugehen? NUTZEN Sie das Machtwort ERMUTIGEN immer wieder, und das Leben wird Ihnen entsprechende Gelegenheiten bieten. Nur MUT... es wird gelingen!

Ist Ihnen im Verlaufe Ihres Lebens der Mut abhanden gekommen? Sind Sie mutlos, und fühlen Sie sich niedergeschlagen? Wenn dem so ist, dann pflegen Sie durch dieses Gefühl Ihr Versagen, und es wird Ihnen noch schlechter gehen! Wie kommen Sie da heraus? ERMUTIGEN Sie sich selbst, denn ERMUTIGEN ist der Schalter, der Ihren ursprünglichen Mut STÄRKT und anregt, so dass Sie sich WIEDER MUTIG und bestimmt auf Ihr weiteres Sein einlassen können.

Mutig wollten wir Dinge erfahren, erleben und begreifen, doch es ist wirklich Mut nötig, um man selbst zu sein, um zu sagen, was man wirklich denkt, um zu tun, was man für richtig hält. Eigentlich wurden wir dazu angehalten, uns wie Feiglinge zu verhalten, mit Sätzen wie: »Sage nichts, denn du weißt nicht, ob dir das schaden könnte.« Menschen weichen dem Wichtigsten in ihrem Leben aus, weil sie den Mut zur offenen und freien Begegnung verloren haben. ERMUTIGEN stärkt das Fünkchen Mut in uns aber wieder und hilft uns, wirklich wieder alles zu wagen.

SO!

3x

SO SO SO

SO oder SO? SO und SO! SO wie SO! SO ist wie die Linse in einer Kamera, mit der man etwas aus der Weite, aber auch aus der Nähe betrachten kann. SO ist der geistige Zeigefinger, der auf das Wesentliche ZEIGT! Es ist alles eine Frage der Perspektive und der Betrachtung. SO ist das Machtwort, das uns hilft, genau hinzuSCHAUEN. »Ich war früher SO, aber JETZT bin ich SO!« Damit macht man andere aufmerksam, dass man sein SOSEIN wesentlich verändert hat. Wie wollen Sie JETZT SEIN? SO oder eher SO? Oder sind Sie SO und SO?

Wie kann man nur SO sein? Diese Frage stellen sich viele Menschen tagtäglich, und Sie erkennen nicht, welche Folgen diese Frage für sie haben wird. Wer fragt: »Wie kann man nur SO sein?«, der wird mit Sicherheit selbst in der Zukunft SO sein, damit er selbst die Erfahrung über dieses SOSEIN machen kann. Wer sich mit dem SO befasst, zeigt SO darauf, SO dass dem verstärkte Aufmerksamkeit zukommt. SO ist der Stab, den der Lehrer benutzt, um den Schülern an der Tafel zu zeigen, wo sie hinschauen sollen. SO reduziert die Sicht vom Großen zum Kleinen: »Ich will, dass du es SO machst!«

Ich liebe es, SO zu sein!

Es ist meine Wahl, SO zu sein, und ich trage voll und ganz die Konsequenzen von meinem SO-Sein!

Ich kann SO und SO denken und handeln!

VERSCHMERZEN!

$$3 \times 3 = 9$$

verschmerzen	verschmerzen	verschmerzen
verschmerzen	verschmerzen	verschmerzen
verschmerzen	verschmerzen	verschmerzen
**	**	

»Diesen Verlust kann ich gut VERSCHMERZEN!« »Ich kann es kaum VERSCHMERZEN, dass du mich so behandelst.« Was erzeugt Schmerz? Es sind die Erwartungen an andere, die immer zu Enttäuschungen führen müssen. Wir fühlen uns schlecht, wenn wir von den anderen nicht das bekommen können, was wir dringend brauchen, um uns gut zu fühlen. Es sind unsere Vorurteile und unsere Urteile, die wir ständig fällen, die unsere Schmerzen verursachen. Schmerz und Leid sind ein deutlicher Hinweis darauf, dass es noch einen Bereich in Ihnen gibt, in dem Sie noch wachsen können und in dem Sie sich noch VERÄNDERN sollten.

Wir sind verletzt, wenn sich ein Mensch von uns abwendet. Meist ist es sogar noch so, dass wir eigentlich froh sind, dass dieser Mensch nicht mehr in unser Leben gehört, dennoch möchten wir nicht, dass er uns verlässt. Wie paradox wir doch oft sind... VERSCHMERZEN ist der Schalter, der die Heilung des derzeitigen Leids AKTIVIERT und der in uns die Weisheit AKTIVIERT, wirklich zu VERSTEHEN. Der Leidensdruck wird spürbar nachlassen, so dass mehr Raum für Lebensfreude entsteht. Es gibt geistige Qualen und seelische Pein wie auch körperliche Schmerzen. Ein körperlicher Schmerz macht uns darauf aufmerksam, dass etwas nicht in Ordnung ist und wir der Sache auf den Grund gehen sollten. Zum Glück haben wir das Instrument des Schmerzes, denn ansonsten würden wir nicht einmal merken, wenn wir uns in den Finger schneiden. In diesem Moment ist der Schmerz das Signal: »Achtung, du gehst zu weit und gefährdest dich selbst.«

Seelische Schmerzen basieren oft auf »Selbst-mit-Leid«. Trauer ist ein Drama, das wir nicht loslassen können, obwohl es bereits nicht mehr ist. Wut ist ein Schmerz des Geistes, der unsere Ohnmacht zeigt, aus lauter Wut sind wir im Stande, alles zu zerstören, auch uns selbst. Das Leben ist in Gefahr, wenn die Emotionen des Egos die Führung übernehmen. VERSCHMERZEN Sie daher Ihre Emotionen, so dass das wahre Gefühl und Ihre wirkliche Geistesgegenwart die Leitung haben.

VERSCHMERZEN ist das Codewort, das die tröstende Kraft in uns aktiviert, so dass der Schmerz nachlassen und sich auflösen kann. VERSCHMERZEN Sie die Trennung, und Sie sind offen für ein noch größeres Glück. Aufzuwachen bedeutet auch, seinem Schmerz zu begegnen, und da der Schmerz in Ihnen ist, können nur Sie ihn auflösen. Wir entscheiden uns zu leiden, und so haben wir auch die Macht, uns zu »entleiden«, indem wir das Machtwort VERSCHMERZEN NUTZEN.

ACHTEN Sie ab JETZT darauf, dass Sie sich nicht mehr mit der Emotion und dem Schmerz verbinden. Dies tut man z. B. in dem Augenblick, in dem man sagt: »Ich BIN traurig, ich bin wütend, ich bin eifersüchtig, ich bin müde, ich bin sauer, ich bin fertig, ich bin ohnmächtig, ich bin enttäuscht« usw., denn damit verbindet man sich mit diesem unerfreulichen Zustand. Sagen Sie ab JETZT: »Ich erlebe im Moment Traurigkeit, ich erlebe Müdigkeit, ich erlebe Ohnmacht, es zeigt sich mir eine Form von Ungerechtigkeit, ich erlebe Enttäuschung, ich erlebe gerade eine Zeit von körperlicher Schwäche« usw., denn auf diese Weise können diese Zustände aus Ihrem Leben verschwinden, wie schwarze Wolken, die sich verziehen, so dass die Sonne wieder durchkommt. Sobald sich eine schmerzliche Emotion zeigt, wehren Sie sich also nicht dagegen, aber Sie verbinden sich auch nicht damit oder NÄHREN sie nicht, indem sie ihr mehr als nötig Aufmerksamkeit schenken. Indem Sie den Schalter VERSCHMERZEN einsetzen, werden Sie nach einiger Zeit feststellen, dass sich der Schmerz vollständig aufgelöst hat. Vielleicht dauert es ein paar Tage, aber wenn Sie dran bleiben, wird Ihr Alltag wieder zu einem Sonntag!

Enttäuschung VERSCHMERZEN!

Einsamkeit VERSCHMERZEN!

Verlassensein VERSCHMERZEN!

Wut und Ablehnung VERSCHMERZEN!

Kritik VERSCHMERZEN!

Verlust VERSCHMERZEN!

Irrtum über ... VERSCHMERZEN!

12x

prüfen	prüfen	prüfen
prüfen	prüfen	prüfen
prüfen	prüfen	prüfen
prüfen	prüfen	prüfen
**	**	

PRÜFE gut, was du tust! PRÜFEN ist der innere Qualitätsprüfer, der im besten Sinne PRÜFT, ob der Zeitpunkt reif genug ist, um Erfolg zu haben. PRÜFEN aktiviert den inneren Weisheitslehrer, der Ihre Vorhaben im besten Sinne analysiert, und der Sie im besten Sinne berät. »Darum prüfe, wer sich ewig bindet!«

Wir gehen durch viele Prüfungen, doch sind wir nicht immer in der Lage, das Wesentliche und das wirklich Wichtige zu erkennen. PRÜFEN ist das Machtwort, das Ihren inneren Qualitätschef (Qualitymanager) zum Einsatz bringt. Nicht die Quantität zählt, sondern die Qualität. Es scheint, als arbeiteten sich die meisten Menschen zu Tode, weil sie in der Vielzahl ihrer Aktivitäten die eigene Qualität nicht erkennen können. PRÜFEN Sie selbst, welche Qualität Sie haben! PRÜFEN ist das Machtwort, das das Beste in Ihnen fördert, so dass Sie ganz entspannt jede äußere Prüfung siegreich MEISTERN können. Die Prüfungsangst wird schwinden, wenn Sie den Schalter

PRÜFEN einsetzen, denn damit erkennen Sie selbst Ihre vorhandenen Fähigkeiten.

»Darum PRÜFE *sich*, wer ein wahrer Meister werden will!« Häufig versuchen wir, die anderen zu testen, um der eigenen Unsicherheit Genüge zu tun. Solange wir in anderen Sicherheit suchen, werden wir aber immer mit Unsicherheit bestraft bleiben. Das Leben ist ein dauerndes SICH SELBST PRÜFEN, damit man am Schluss des physischen Daseins nicht dem Selbstvorwurf ausgesetzt ist, selbst nicht wirklich gelebt zu haben. Menschen sind tagtäglich gezwungen, Prüfungen zu bestehen, damit sie von vermeintlich wichtigen Menschen die Erlaubnis erhalten, in bestimmter Art und Weise tätig sein zu dürfen. PRÜFEN ist das Machtwort, das die *Selbst*prüfung auslöst, so dass wir es uns erlauben können, das zu tun, wofür wir wirklich REIF genug sind.

Ich prüfe mich selbst, denn nur dadurch
erkenne ich, ob ich wirklich in Rat und Tat
reif für die Handlung bin!

ENTWICKELN!

9x

»end«-wickeln	entwickeln	entwickeln
entwickeln	entwickeln	entwickeln
entwickeln	entwickeln	entwickeln
**	**	

»ICH ›end‹-wickle mich!«

»Du bist falsch gewickelt!« Ja, ich glaube sogar, wir sind alle falsch gewickelt. Es wird viel getan, um die Verwirrung, die man weltweit feststellen kann, noch mehr zu verstärken. Wir lassen uns einwickeln und merken zu spät, dass wir eigentlich gebunden sind. ENTWICKELN ist der Befehl, der die Kraft in uns wieder AKTIVIERT, den »eigenen Faden« wieder zu finden und somit unsere Geschicke selbst zu LENKEN.

»Meine ENTWICKLUNG wurde gebremst!« »Ich wurde in meiner ENTWICKLUNG wesentlich behindert!« Kennen Sie diese Aussagen? Mit dem Machtwort ENTWICKELN bringen wir brachliegende Fähigkeiten in die tatsächliche Verwirklichung. Wir sind hier, um uns im höchsten Sinn und im Sinne der allumfassenden Ganzheit zu ENTWICKELN! Wir Menschen leiden unter so vielen Verstrickungen, und wir sind gefangen in Irrtümern und »Teildenken«, die uns immer mehr in Beklemmungen und Zwangssituationen führen. Wir müssten den Faden zurückspulen und an den Anfang kommen, um unsere Irrtümer begreifen zu können. Wir haben uns von Behauptungen und Bedenken anderer einwickeln lassen. Wir haben uns vom Wissen anderer fesseln lassen und haben es verpasst, uns im Austausch gegenseitig zu inspirieren und dabei wir selbst zu bleiben. – »Er hat mich mit seiner Theorie eingewickelt.« Wir sind aufgefordert, unser eigenes Potenzial und unsere eigene Wesenskraft zu ENTWICKELN, damit sich unser Geist und unsere Seele wieder frei BEWEGEN und in höhere Bereiche aufsteigen können.

Wesensfreiheit ENTWICKELN!

Weisheit ENTWICKELN!

Liebesfähigkeit ENTWICKELN!

Lebensfreude ENTWICKELN!

Eigene Spiritualität ENTWICKELN!

Persönliches Potenzial ENTWICKELN!

4x

ICH »end«-schuldige mich!   ICH »end«-schuldige mich!
ICH »end«-schuldige mich!   ICH »end«-schuldige mich!

Wenn Sie dies laut aussprechen, FÜHLEN Sie, wie sich Ihre Schuldgefühle nun auflösen können. Sie haben angenommen, dass Sie im Sinne der Moral oder anderer weltlicher Vorstellungen schuldig sind, und solange Sie die Schuld auf sich nehmen, werden Sie dauernd dafür bezahlen müssen.

Ist es nicht ein wahres Trauerspiel, darum bemüht zu sein, dass sich ein anderer entschuldigt? Und wenn dies nicht geschieht, befasst man sich damit, welche Strafe angemessen wäre, und während man sich mit der Schuld des anderen befasst, merkt man nicht, dass man selbst in »Schuldenergie« badet. Ein Schuldiger muss zur Rechenschaft gezogen werden, und man verlangt nach Strafe und Genugtuung, so haben wir es gelernt. Im Grunde genommen müssen wir jedoch lernen, UNS zu »END«-SCHULDIGEN, damit wir VERGEBEN und uns mit der Wahrheit versöhnen können. Besteht aber nur schon der Verdacht auf Schuld, so wird derjenige misstrauisch beobachtet und ist im Grunde bereits vorverurteilt. So wartet man darauf, dass die Schuldvorwürfe bestätigt werden. Wir sprechen schuldig, wir machen uns schuldig, wir warten auf Entschuldigungen und hoffen, dass der Beschuldigte reumütig seine Sünden eingesteht und sich dabei klein und miserabel fühlt. Ist dies nicht eine wahre Tragödie, die höchstens die Schadenfreude NÄHRT? Führt nicht genau dieses unglückliche Bestreben zu ewiger Schuld und weiterem Schaden?

Wir machen aber nicht nur anderen, sondern auch uns selbst ständig Vorwürfe und plagen uns selbst mit Schuldgefühlen. Wir fühlen uns schuldig, weil wir glauben, wir hätten nicht genug für die anderen getan. Weil wir unser Leistungsstreben auf die Mitwelt ausgerichtet haben, warten wir sehnsüchtig darauf, Anerkennung zu bekommen. Fällt diese im wahrsten Sinne des Wortes aus, beginnen wir uns zu fragen, was wir denn falsch gemacht hätten... Wir entschuldigen uns dann für Dinge, von denen wir geglaubt haben, sie wären richtig. Wie oft hört man Menschen beispielsweise fragen, wenn diese einen Raum betreten: »Entschuldigung, störe ich gerade?« Man entschuldigt sich bereits für nichts, weil man bereits mit den Schuldgedanken infiziert ist, wie bei einer chronischen Erkrankung, für die es kein Heilmittel zu geben scheint.

Ich selbst wuchs in einem katholischen Umfeld auf. Mein Onkel väterlicherseits war katholischer Pfarrer, und ich verbrachte oft meine Ferien bei ihm. Katholisch zu sein bedeutet auch, dass man zur Beichte geht. Ich verstand all diese Sünden nicht, aber machte brav, was mir befohlen wurde. Ich bekannte mich in allen 10 Punkten schuldig und dachte nur: »Vielleicht hast du ja etwas getan, was falsch war, und du hast es nicht bemerkt.« Immer wenn ich brav alle meine Sünden gebeichtet hatte, sprach mich der Pfarrer frei, und ich musste zur Abbitte fünf Mal das »Vaterunser« und fünf »Gegrüßet seist du Maria« beten. In meinem Inneren aber wuchs mit der Zeit ein Widerwille gegen dieses ganze Prozedere. Dieser verstärkte sich immer mehr in den Momenten, in denen dieser Pfarrer gemein und gewalttätig gegenüber schwächeren Schülern war. Ich fragte mich: »Wie kann der Pfarrer selbst so schlimme Dinge tun und gleichzeitig die Macht haben, andere gnädigst aus ihrer Schuld zu entlassen?« Als ich erwachsen war, begriff ich, dass ich bei all diesen vielen Beichten nie ein Schuldgefühl gehabt hatte. Ich glaube, das war meine Rettung. Das schlimmste Martyrium, das wir uns selbst auflegen, ist, sich schuldig zu fühlen. Damit bestrafen wir uns in einem Maß, das uns jegliche Freiheit raubt. Ein Schuldner muss ständig büßen, und er quält sich weiter.

Schuldig sein bedeutet daher, sich selbst zu hassen für etwas, was man getan hat. Dies ist eine der stärksten Selbstbestrafungen, die es gibt.

Anstatt sich beständig mit Schuldgefühlen und Schuldgedanken zu quälen, könnte die Selbsterkenntnis helfen, allfällige Schuld zu HEILEN. Wir verletzen uns selbst und andere durch unachtsames Verhalten. Die »Selbst-Erkenntnis« über das, was wir tun und getan haben, kann uns dazu bringen, solche Verletzlichkeiten zu verMEIDEN. Haben Sie jemanden verletzt, dann ist nun Ihre innere Größe gefragt, die Sie dazu bringen wird, zum Verletzten hinzugehen und ihm zu sagen: »Es war nicht in Ordnung, was ich getan habe. Was kann ich tun, damit es zwischen uns wieder in Ordnung sein kann?« Sie werden feststellen, dass Ihr tief empfundenes Gefühl für die erlebte Situation bereits die Grundlage für eine Versöhnung ist.

BEFREIEN Sie sich selbst von Ihren Schulden, denn nur dies wird Sie letztendlich erlösen. Man hat uns eingeredet, dass wir Schuld haben, schuldig sind, so dass wir die Verantwortung übernehmen müssen, wenn sich bei anderen Menschen Probleme ergeben. Sich dauernd bei anderen zu entschuldigen, bringt im eigentlichen Sinn wenig bis gar nichts. Sich bei anderen Menschen reumütig zu entschuldigen, stärkt nur das überhebliche und rachsüchtige Ego im anderen. Indem wir überhaupt Schuld geben, Schuld verteilen und schuldig sprechen, entmachten wir unser eigentliches Selbst. Wenn Sie sagen: »Meine Mutter ist schuld, dass ich heute so bin, weil sie mich schlecht behandelt hat oder weil sie mir dies oder jenes nicht gezeigt hat«, so zersplittern Sie Ihr eigentliches Selbst, und Sie sind nun abhängig davon, ob Ihre Mutter die Schuld eingesteht. Tut sie dies, so vermehrt sich das zerstörerische Schuldgefühl, und die emotionale Abhängigkeit führt zu neuen schmerzvollen Erfahrungen und Enttäuschungen. Der gegenseitige Erwartungsdruck wird einfach unerträglich, bis man sich irgendwann nicht mehr sehen und austauschen kann. Die Negativität, die durch Schuldzuweisungen in Gang gesetzt wird, nimmt so mit der Zeit immer mehr zu und wird zum emotionalen Gefängnis. Solange wir negative Erfahrungen und Erinnerungen gespeichert halten, wird diese vorhandene Negativität irgendwann auf andere Bereiche übergehen müssen, denn wenn ein bestimmtes Energiepotenzial angewachsen ist, muss sich diese Energie im sicht- und spürbaren Erleben manifestieren. Dies ist ein Grundgesetz des Lebens. Man wird dann des Lebens nicht mehr froh – und weiß eigentlich nicht mal warum.

Übernehmen Sie ab heute Verantwortung für alles, was in Ihrem Leben geschieht. Werden Sie von einem anderen Menschen angegriffen, verletzt oder enttäuscht, so bedeutet dies, dass Sie in sich selbst verborgene, negative Programme aktiviert haben, die nun in Resonanz gehen. Jeder wählt selbst, beleidigt zu sein! Jedem Betrug geht immer ein Selbstbetrug voraus, und daher muss die Grundlage für allfälligen Betrug in uns selbst GEHEILT werden. ACHTEN Sie auf Ihren Wert, dann fällt es Ihnen ganz leicht, auch die Werte anderer zu BEACHTEN!

»Was bin ich Ihnen schuldig?« Auf eine solche Frage antworte ich jeweils: »Nichts, aber Sie können Geld in die Vermehrung Ihrer Werte investieren!« Das hört sich doch gleich ganz anders an. – Setzen Sie Ihrem Schulddenken und Ihren Schuldgefühlen mit END-SCHULDIGEN ein definitives Ende. Vielleicht dauert es eine gewisse Zeit, bis Sie sich von jeglicher Schuld befreit haben, aber mit jedem Mal werden Sie mehr und mehr wieder in die Gewinnzone kommen.

Denken Sie daran, jeder Mensch entscheidet selbst, wie er sich FÜHLEN will. Wir WÄHLEN den Schmerz und halten solange daran fest, wie uns dieser DIENT, andere mit Schuldgefühlen zu manipulieren. Wollen wir aber nicht weiter das Opfer solcher Spiele sein, so BEGINNEN wir JETZT, uns zu END-SCHULDIGEN.

Zahlen Sie Ihre Rechnungen, wenn Sie REICH SEIN WOLLEN. ÜBERNEHMEN Sie die Verantwortung für Ihre JETZIGE Lebenssituation, und END-SCHULDIGEN Sie sich bei sich selbst, aber betrügen Sie sich nicht, indem Sie sich selbst etwas vorlügen. Keiner kann schuldig gesprochen werden, wenn er sich nicht schuldig fühlt. Die religiösen wie auch die weltlichen Systeme leben von der Angst vor der Schuld und daher werden die Schuldgefühle immer wieder GENÄHRT und geschürt. Sie aber können nun selbst WÄHLEN, ob Sie weiter in der Knechtschaft von Schuldgefühlen ausharren wollen – oder ob Sie ab heute FREI LEBEN und LIEBEN WOLLEN!

8 x

»end«-täuschen	enttäuschen
enttäuschen	enttäuschen
enttäuschen	enttäuschen
enttäuschen	enttäuschen

**

»END«-TÄUSCHT zu SEIN heißt, dass man nun die Wahrheit sieht!

Was ist Wahrheit? Was ist Wirklichkeit? Was ist Illusion? Wann ist es Erleuchtung? Immer, wenn wir ENTTÄUSCHT sind, haben wir zuvor der Wirklichkeit etwas zugefügt, das nicht wirklich war, doch das unserem Ego schmeichelte!

Die Menschen sind in ihren Einbildungen und zwanghaften Vorstellungen gefangen. Dies zeigt sich, wenn wir bestimmte Bilder in einen Menschen projizieren und wir dann alles daran setzen, dass dieser unseren Vorstellungen auch entspricht. Auch wenn das Bild nicht stimmt, das wir über einen anderen Menschen haben, BEGINNEN wir diesen einfach SO zu SEHEN, wie es uns am besten gefällt. Wer ein negatives Bild über einen Menschen bewahrt, der macht dies nur, weil er sich trennen will. Doch solange negative Bilder vorhanden sind, bleibt die Besetzung und das negative Bild beschäftigt uns trotzdem weiter, obwohl wir diesen Menschen aus unserem Leben verbannt haben. Nicht der andere muss sich also ÄNDERN, sondern wir müssen unsere Sichtweise HEILEN. Eines Tages werden wir mit Sicherheit feststellen, dass jedes negative Bild letztendlich nur uns selbst schadet, denn je nach dem, was wir speichern, so werden wir letztendlich wieder wahrgenommen. Eigentlich ist es eine große Selbsttäuschung! Wir werden ENTTÄUSCHT SEIN müssen, wenn unsere Täuschung aufgedeckt wird, denn die Trugbilder, die wir über andere aufrechterhalten, können sich nicht bewahrheiten.

Wenn wir glauben, wir wären in einen anderen Menschen verliebt, so sind wir in Wahrheit nur in uns selbst verliebt, weil der andere unseren Vorlieben entspricht und weil unserem Ego die Komplimente so sehr schmeicheln. Sobald aber die rosarote Brille abgesetzt wird, bleiben die Komplimente aus, und damit verschwindet auch die Verliebtheit. Diese Art von Liebe kann nicht bestehen, selbst wenn man sich noch so sehr bemüht. Allein darin liegt schon ein Problem: »sich bemühen, die Liebe zu halten«. Eigentlich ist Verliebtsein eine kurzzeitige Befriedigung für unser Ego, und daher lässt dieses Schmetterlingsgefühl bald nach. Wir lieben es, begehrt und bewundert zu werden und dass man nur »mich« will. Sind aber alle Komplimente verteilt und gibt es nicht auch noch eine tiefer gehende Basis, so zeichnet sich schnell das Ende ab. Die Beziehung artet in Stress aus, und man streitet über Nichtigkeiten. Es war keine Liebe da, sondern nur die Sucht nach Liebe, die man durch Bestätigung im Außen sucht. Nun macht sich der Süchtige erneut auf den Weg, um zu seinem Stoff zu kommen, denn er braucht die Bewunderung und tut fast alles dafür. Das Strohfeuer erlischt jedoch meist wieder sehr schnell. In einem Moment wurden einem die Sterne im Himmel versprochen, im nächsten Augenblick erlebt man Kälte.

Das wahre Ich kann jedoch nie ENTTÄUSCHT werden, nur unser Ego baut sich mit Worten und Versprechungen auf. Solange das Ego die bestimmende Kraft ist, sind ENTTÄUSCHUNGEN daher an der Tagesordnung. Wir sind durch unsere falschen Erwartungen ENTTÄUSCHT. Die tatsächliche Realität ist ernüchternd, wie das Aufwachen aus einem Rausch. BEGINNEN wir unser Glück allerdings nicht mehr in anderen zu suchen, und LASSEN wir jegliche Erwartungshaltung LOS, dann finden wir das Glück in uns selbst, und wir ziehen einen Menschen an, der, wie wir selbst, sein Glück mit sich selbst gefunden hat. Die Selbst-Liebe führt zum Selbst-Wert, und durch das Selbst-Vertrauen ziehen wir Menschen mit der gleichen Liebesfähigkeit an. Dies ist das unfehlbare Gesetz der Anziehung und der Resonanz. Ein Blinder kann nur einen Blender anziehen. Der Erwachte aber wird einen aufmerksamen und wachen Menschen in sein Dasein ziehen. Wir sind, was wir sind, und wir vermehren, was wir sind.

Sobald wir in Einbildungen festgefahren sind, sind wir geblendet, fixiert, blockiert und durch die Unwirklichkeit aufgehalten. ENTTÄUSCHEN aber ist der Schalter, der die schonungslose Wirklichkeit offenbart und fördert.

»ENT-TÄUSCHT« zu sein ist daher eine große, große Chance, um sich in Wahrheit zu ERKENNEN – und um so Reichtum und Liebe in den BEGEGNUNGEN zu erfahren sowie um unsere Beziehungen zu genießen.

ENTFERNEN!

10x

»end«-fernen	entfernen
entfernen	entfernen
entfernen	entfernen
entfernen	entfernen
entfernen	entfernen
**	

»Ich bin ihr nah und wär' ich noch so fern!« Johann Wolfgang von Goethe

Ein kleines Wortspiel: Der Mensch kommt im Entferntesten nicht an das Einfache, an das Naheliegende. Warum in die Ferne schweifen? Das Gute liegt so nah!

Menschen leben auf engstem Raum miteinander und sind sich doch so fern, weil keiner dem anderen zu nahe treten will. Wie paradox! Dabei suchen alle mehr oder weniger die Nähe und die Wärme eines anderen Menschen. ENTFERNEN Sie mit diesem Machtwort die auferzwungene Distanz, die wir gedanklich und gefühlsmäßig gegenüber anderen aufgebaut haben. ENTFERNEN ist das Machtwort, das in Ihnen den Mut zu wahrer Nähe wieder AKTIVIERT, so dass Sie Ihr Dasein mit den Nächsten genießen können.

Selbst wenn Sie tatsächlich eine gewisse Distanz aufbauen wollen und sagen: »Komm mir nicht zu nahe!«, so wirkt dies geradezu entgegengesetzt. Dieser Ausspruch soll den anderen zwar einschüchtern und ihn fernhalten, doch je mehr wir gegen etwas kämpfen, desto mehr Kraft verleihen wir dieser Sache, wie NÄHREN das Abgelehnte mit der Energie unserer Angst.

Doch in der Regel ist nichts so verletzend wie die Distanziertheit, die uns aufgezwungen wird. Menschen leben zusammen und sind sich doch so fremd. Sie haben Geheimnisse, weil sie den nächsten Angehörigen nicht trauen. Der Abstand wird mit der Zeit immer größer, und so lebt man zwar im gleichen Haushalt, aber mehr TEILT man nicht. Stumm sitzt man vor dem Fernseher, weil man sich nichts mehr zu sagen hat. Warum distanzieren sich Menschen von Ihnen? Haben Sie sich selbst diese Frage auch schon gestellt? Wie lautet Ihre Antwort? Uns widerfährt, wie wir mit uns selbst verfahren. Distanzieren sich Menschen von Ihnen, dann wissen Sie nun, dass Sie mit sich selbst auf Distanz gegangen sind. Sie haben sich im sprichwörtlichen Sinn von Ihrem wesentlichen Sein entfernt und haben sich im unwesentlichen Sein einer Figur verloren. ERKENNEN Sie nun, Sie *sind* nicht irgendeine Figur in einem Ihnen aufgezwungenen Lebenstheater. Nein, Sie SPIELEN nur diese Figur und machen damit die dementsprechende Erfahrung. Identifizieren Sie sich nicht mit dieser Figur, sondern erkennen Sie Ihr wahres Wesen, das niemals in einer Figur dargestellt werden kann. Doch die Figur, die Sie sich von sich machen, spielt eine Rolle, um Erfahrungen und Erkenntnisse zu sammeln. Ihr wahres Wesen gewinnt dadurch wichtige Erkenntnisse, die der

Seele einen weiteren Schritt im Aufstieg ermöglichen, wenn die Sicht über die Schöpfung vervollständigt worden ist. ENTFERNEN Sie die Distanz, und erleben Sie wohltuende Nähe und Einssein.

ENTFERNEN ist der Schalter, der dazu bestimmt ist, die Dinge wieder in die Mitte zu rücken, von denen man sich fälschlicherweise distanziert hatte. Man ist vielleicht dem Rat eines Mitmenschen gefolgt, der darauf ausgerichtet war, sich von »dem« fernzuhalten. Doch wir sollten die Nähe anstreben und nicht die Distanz!

»Ich ENT-FERNE mich!« Diese Formulierung bedeutet, dass das ICH die Trennung zum *MICH* auflöst, so dass das wesentliche **WIR** zur Wirkung kommen kann. Wir ist in diesem Fall das Einssein der Dreifaltigkeit (Vater/Ursprung – Sohn/Gedanke – heiliger Geist/Erkenntnis, oder anders gesagt: höheres Selbst – mittleres Selbst – unteres Selbst).

Illusion ENTFERNEN!
Fremdheit ENTFERNEN
Innere und äußere Distanz ENTFERNEN!

$$2 x 10 = 20$$

»end«-sagen	entsagen
entsagen	entsagen
entsagen	entsagen
entsagen	entsagen
entsagen	entsagen
entsagen	entsagen
entsagen	entsagen
entsagen	entsagen
entsagen	entsagen
entsagen	entsagen

**

ENTSAGEN ist der Schalter, der Ihnen hilft, dass das »Voraus-Gesagte« nicht zum Zwang wird. Haben Sie nicht auch schon die Erfahrung gemacht, dass, sobald Sie gesagt haben: »Ich tue dies oder jenes«, Sie plötzlich blockiert schienen? Vielleicht müssten Sie bloß etwas, was Sie sich versprochen haben, ENTSAGEN. Doch da wird Ihr Verstand mit Frust, Zwang, Niedergeschlagenheit reagieren. ENTSAGEN ist der Schalter, der uns von Fixierungen lösen kann, um dem, was wir wollen, die Chance zu geben, sich nun zu entfalten. ENTSAGEN ist das Machtwort, das die Angst zu VERSAGEN auflöst.

Man verwendet das Wort ENTSAGEN meist dafür, dass man bewusst auf etwas verzichtet, was man bisher geschätzt hat. Man kann der Welt ENTSAGEN, man kann der Liebe ENTSAGEN, man kann dem Glück ENTSAGEN, aber man kann auch der Sünde ENTSAGEN. Das Machtwort ENTSAGEN bedeutet nicht, dass Sie wirklich verzichten müssen, aber es hilft, von festgefahrenen Zwängen und fixen Vorstellungen loszukommen. Wenn Sie heute diese Seite aufgeschlagen haben, dann wird heute mit Sicherheit eine Situation auf Sie zukommen, in der Sie ENTSAGEN sollten. Probieren Sie es einfach aus, und lassen Sie sich überraschen. ENTSAGEN hilft uns, die materiellen und emotionalen Fesseln lösen zu können. ÜBERNEHMEN Sie wieder Ihre volle Macht, und seien Sie wieder im Vollbesitz Ihrer Kräfte. Eine wesentliche Hilfe dazu ist der Schalter ENTSAGEN, denn er ist der Impuls, um dem ganzen Elend ein Ende zu setzen.

Der Mensch neigt dazu, vorschnell zu sagen, »das« werde ich niemals tun, und eines Tages kommt er in die Situation, wo er »sein Wort« sich selbst gegenüber nicht mehr halten kann. Haben wir dem falschen Unterfangen zugesagt, und scheint es so, als komme man »aus dieser Nummer« nicht mehr heraus – dann hilft ENTSAGEN. Denn ENTSAGEN heißt, alte Aussagen zu vernichten, weil man JETZT zu einer neuen Erkenntnis herangereift ist. ENTSAGEN Sie also, um alles zu gewinnen. ENTSAGEN Sie unüberlegten Zusagen! ENTSAGEN Sie den Zwängen verschiedenster Art, die nur Ihr Leben zerstören. ENTSAGEN ist das Machtwort, um sich geistig von einer Sucht zu lösen, weil man sich nichts verbietet, sondern sich wieder alles wert ist. ENTSAGEN ist das Machtwort, das den Anfang macht. Mit ENTSAGEN bauen wir keine neuen Zwänge auf, die sich automatisch bilden würden, sobald wir verzichten müssen, wollen oder sollten. ENTSAGEN ist das Codewort, das Ihnen hilft, dem zu ENTSAGEN, was Sie quält, verletzt und zerstört.

ENTSAGEN Sie JETZT für mehr Lebensqualität.

Dem Zwang zu rauchen ENTSAGEN!
Dem Zwang nach Alkohol ENTSAGEN!

ENTSCHEIDEN!

8x

»end«-scheiden   entscheiden   entscheiden   entscheiden
entscheiden   entscheiden   entscheiden   entscheiden

     **   **   **

Tief in jedem von uns ist die Angst vor dem Abschiednehmen verankert. Wir unterdrücken diese Vorstellung, weil wir einfach nicht daran denken wollen.

Warum fällt es uns aber so schwer, uns zu ENTSCHEIDEN? Kinder sehen es meist nicht ein, warum sie sich ENTSCHEIDEN sollen. Aber die meisten Menschen glauben, sie wären gezwungen, sich zwischen Familie und Beruf ENTSCHEIDEN zu müssen und geraten so in einen großen inneren Konflikt. Hat man das eine, weiß man, dass einem das andere fehlt. Dies führt zu einer starken inneren Zerrissenheit, die mit der Zeit zu einer riesigen Lebensenttäuschung heranwachsen wird. Warum kann man nicht beides haben? ENTSCHEIDEN ist das Machtwort, das diesen Zwang aufzulösen vermag und das die Erkenntnis fördert, dass »beides« zusammen möglich ist. ENTSCHEIDEN Sie sich für das eine – und gleichzeitig für das andere! Das geht nicht, sagt Ihr Verstand? Probieren Sie es aus! Machen Sie sich keine Vorstellungen darüber, wie das gehen wird, sondern lassen Sie sich einfach überraschen.

ENTSCHEIDEN aktiviert die innere Bereitschaft, wieder vertrauensvoll zu TEILEN bzw. sich im individuellen Miteinander VEREINEN zu WOLLEN. Wir trennen und distanzieren uns ständig, und meist ist uns dies nicht einmal mehr bewusst, weil es einfach zur Gewohnheit geworden ist. Sich nicht ENTSCHEIDEN zu können heißt, dass der innere Zweifel und der Verstand übermächtig sind. Werden wir vom beschränkten Verstand beraten, so kommen wir nie wirklich zu einer Entscheidung, denn kaum hat man sich entschieden, kommen Zweifel auf, ob die Entscheidung richtig oder falsch gewesen ist.

Wir ENTSCHEIDEN uns nun zu leben! ENTSCHEIDEN ist der Schalter, um die Angst vor Trennung oder die Trennung in der Wirklichkeit zu heilen. ENTSCHEIDEN stärkt den inneren Mut zur Tat und OFFENBART Wege, wie man die Dinge wirklich ZUSAMMENbringen kann. Wir sind hier, um uns im großen Ganzen zu vervollständigen und um uns selbst als einen Teil eines großen Ganzen zu BEGREIFEN. Nie sind wir alleine, nie sind wir getrennt, doch wir leben in der Illusion von Einsamkeit und Furcht vor Trennung. Dies wird zu einer täglichen Qual, so dass das Leben keine Freude machen kann, weil die verankerte Trennungsangst dazu führt, dass man das Zusammensein gar nicht genießen kann. Wir ziehen uns zurück und leben in einer Welt, die andere bestimmen, und wir machen so selbst Opfer aus uns. ENTSCHEIDEN Sie sich jetzt für das Leben! ENTSCHEIDEN Sie sich für das scheinbar Gegensätzliche, und lassen Sie sich überraschen, wie das Leben dies zu REGELN weiß. ENTSCHEIDEN Sie sich JETZT zu LEBEN! ENTSCHEIDEN Sie sich, JETZT zu LIEBEN!

ENTSCHEIDEN Sie sich für die Liebe!

ENTSCHEIDEN Sie sich für wahre Partnerschaft!

ENTSCHEIDEN Sie sich für das Glück!

ENTSCHEIDEN Sie sich für die Freude!

ENTSCHEIDEN Sie sich für die Wahrheit!

ENTSCHEIDEN Sie sich für optimale Gesundheit!

ENTSCHEIDEN Sie sich für finanziellen Reichtum!

ENTSCHEIDEN Sie sich für die optimale Lösung!

ENTSCHEIDEN Sie sich für die richtige Entscheidung!

Glück in der Partnerschaft und Glück im Beruf ENT-SCHEIDEN!

$$2 x 6 = 12 x$$

»end«-stehen	entstehen
entstehen	entstehen
entstehen	entstehen
entstehen	entstehen
entstehen	entstehen
entstehen	entstehen

**

»Wie lange werde ich brauchen, um mein Problem zu lösen?« Die meisterliche Antwort lautet: »Keine Minute länger, als du brauchst, um es zu verstehen!«

»Ich verstehe die Welt nicht mehr!« – Doch wie können wir die Welt verstehen, wenn wir uns selbst nicht verstehen? Dieses fehlende Selbstverständnis entsteht, weil wir darauf warten, von den anderen verstanden zu werden. Durch unsere Erfahrungen GEWINNEN wir Erkenntnisse, und durch diese Erkenntnisse sind wir fähig, die Zusammenhänge, die Hintergründe und die Wirkungen zu VERSTEHEN. Irgendwann stellen wir fest, dass wir überhaupt nichts verstanden haben. Das ist der Anfang für wahres Verständnis. »Nur wer erkennt, dass er sich geirrt hat, ist auf dem richtigen Weg!« Es braucht sehr viel Mut und innere Weisheit, wenn man zugeben kann, dass man sich geirrt hat, denn nur so können wir auf den wahren Pfad der Erleuchtung kommen. Jede Erkenntnis hellt unseren Alltag auf und stärkt unser Gefühl für das eigentliche Leben. Je mehr wir mit uns selbst wachsen, umso mehr können wir VERSTEHEN!

»Verstehst du mich?« Diese Frage bedeutet in Wirklichkeit: »Kannst du meinen Standpunkt begreifen? Wir wollen verstanden werden, doch VERSTEHEN wir uns eigentlich selbst? Oder beharren wir auf unserem Standpunkt und warten darauf, dass andere auf uns zukommen und für unsere Situation Verständnis zeigen? Sind Sie sprichwörtlich stehen geblieben? Stehen Sie seit Jahren am gleichen Punkt, und warten Sie darauf, dass jemand kommt und Sie da herausholt? Stehen Sie vor wichtigen Entscheidungen, und es fehlt Ihnen der Mut und die Erkenntnis, um das Richtige zu WÄHLEN? Stehen Sie alleine da, und FÜHLEN Sie sich vom Leben betrogen? Ihre derzeitige Situation verlangt von Ihnen, dass Sie anfangen, sich selbst zu »VER-STEHEN«, um nicht weiter festgefahren in der unangenehmen Situation ausharren zu müssen.

Wie ist eigentlich Ihre Entstehungsgeschichte? Wie ist Ihre jetzige Situation entstanden? ENTSTEHEN ist das Machtwort, das Ihnen hilft aufzuschlüsseln, wie Sie an diesem Punkt gekommen sind. Und wenn Sie nun selbst nachvollziehen können, wie »es« so weit kommen konnte, könnten Sie VERSTEHEN! VERSTEHEN Sie, und machen Sie nun einen bedeutenden Schritt, denn da wo Sie jetzt sind, können Sie nicht stehen bleiben. VERSTEHEN Sie, das Glück wartet auf Sie, aber da wo Sie jetzt sind, ist es nicht zu finden.

Haben Sie sich in letzter Zeit gefragt: »Ich verstehe nicht, was ich falsch mache?«, oder kennen Sie die Haltung: »Ich verstehe mich und die Welt nicht mehr!«, dann ist es höchste Zeit, dass Sie VERSTEHEN lernen, so dass Sie nun wirklich sich selbst BEGREIFEN und SEIN KÖNNEN. Oder hat man Sie angefleht: »Versteh doch endlich!«, aber Sie haben gar nicht begriffen, was der andere damit meinte? VERSTEHEN ist das Machtwort, das Ihnen hilft, wirklich und im vollen Ausmaß zu VERSTEHEN, wie alles so kommen konnte und welchen Schritt in die richtige Richtung Sie nun tun können. VERSTEHEN bewegt Sie aus der starren Opferhaltung heraus. VERSTEHEN und BEGREIFEN Sie sich, dann KÖNNEN Sie sich wirklich FREUEN!

Setzen Sie nun IMMER das Machtwort VERSTEHEN ein, wenn Sie richtig verstanden werden wollen. VERSTEHEN Sie mich? VERSTEHEN Sie meine Botschaft? Wenn nein, VERSTEHEN VERSTEHEN VERSTEHEN... Und dann SCHAUEN Sie, was in Ihnen vorgeht. Viel Vergnügen!

Jetzige Lebenssituation VERSTEHEN!

Unfall ... VERSTEHEN!

Partnerschaftliche Situation VERSTEHEN!

Mein Leben VERSTEHEN!

Meinen Zustand VERSTEHEN!

ENTSCHLÜSSELN!

4x

»end«-schlüsseln entschlüsseln entschlüsseln entschlüsseln

ENTSCHLÜSSELN ist das Machtwort, das Ihnen hilft, Geheimnisse zu lüften. Sie finden den Schlüssel und die dazu passende Tür in sich selbst, wenn Sie den Schalter ENTSCHLÜSSELN betätigen. Hat man vor Ihnen Geheimnisse gehabt, und fühlten Sie sich ausgeschlossen? Vieles wird in dieser Welt geheim gehalten, damit man die Menschen besser für die eigenen Zwecke manipulieren kann. Es wird aus allem ein Geheimnis gemacht, um das Interesse von Menschen anzustacheln. Es gibt aber nichts Schlimmeres, als Geheimnisse zu haben. Solange wir Geheimnisse hüten, sind wir selbst ausgeschlossen. Wollen Sie dem Geheimnis des wahren Lebens auf die Spur kommen? ENTSCHLÜSSELN erschließt Ihnen die Offenbarung!

Ist das Leben für Sie ein großes Rätsel? Finden Sie den Schlüssel für das wahre Glück nicht? Scheint Ihnen der Zugang zu allumfassendem Wissen versperrt? Suchen Sie schon lange nach dem Schlüssel für wahre Liebe und wahres Lebensglück? Gab es bereits Schlüsselerlebnisse in Ihrem Leben?

Für viele Menschen ist manches ein wahres Rätsel, und sie haben Mühe, die wirklichen Hintergründe zu erkennen. ENTSCHLÜSSELN bewirkt die Öffnung zu allem

Verborgenen, so dass ganzheitliche Klarheit entsteht. Die negativen Mächte arbeiten, wie erwähnt, immer mit Geheimnissen, die unbedingt gewahrt werden müssen, damit nicht jeder hinter ihr wahres und wirkliches Spiel schauen kann. ENTSCHLÜSSELN aber bewirkt den Zugang zu allem, und durch dieses Codewort zeigen sich Türen, die vorher – gut getarnt – übersehen wurden. ENTSCHLÜSSELN ist sozusagen der Dietrich, der alle Schlösser zu ÖFFNEN vermag!

Beziehung mit XY ENTSCHLÜSSELN!

Situation XY ENTSCHLÜSSELN!

Methode ENTSCHLÜSSELN! (Code knacken)

Botschaft in diesem Buch ENTSCHLÜSSELN!

ENTBINDEN!

$$2 x 4 = 8 x$$

»end«-binden	entbinden
entbinden	entbinden
entbinden	entbinden
entbinden	entbinden

**

Wir binden uns durch unüberlegte Versprechungen und sind dadurch gefangen. Uns sind die Hände gebunden, weil sich unsere verbindliche Zusage, die wir gegenüber einem anderen Menschen gemacht haben, noch nicht erfüllt hat. Solange besteht die Bindung WEITER, die unseren Geist einschränkt. Es ist interessant, dass man für den Vorgang der Geburt auch das Wort ENTBINDUNG benutzt. Verlässt das Kind den Mutterleib, so erlebt es das erste Mal sprichwörtliche ENTBINDUNG. Die gleiche Erfahrung macht in diesem Moment auch die Mutter. ENTBINDEN ist das Codewort, das uns hilft, miteinander zu wachsen, zu lieben, zu leben, aber ohne uns zu behindern. Falsche Bindungen werden zum Alptraum. Die Menschen versuchen sich dauernd zu binden, indem sie einen Menschen, den sie zu lieben glauben, an ein Versprechen binden. Wer sich bindet, fesselt sich aber in Wahrheit selbst! Der Bindungszwang ist der Irrtum, denn ursprünglich sind wir auf dem wesentlichen Weg, wahrhaftige ZUGEHÖRIGKEIT zu erleben. ENTBINDEN Sie sich selbst vom Zwang zur Bindung. Im dem Moment, in dem Sie nicht mehr gebunden sind, können Sie wahrlich die ganz große Liebe erleben und das haben, wofür es keine Worte gibt. Nur ängstliche Menschen leben in Verbindungen, die ihnen das Leben noch schwerer machen. Man tut dann alles, damit der andere nicht von einem loskommt.

Jede Form von Bindung bedeutet Abhängigkeit und ist eine geistige und seelische Fesselung, die sehr schmerzhaft enden muss. Gemäß der gespeicherten, inneren Haltung sucht der Abhängige in der Bindung zu einem anderen Menschen seine eigene Sicherheit. Mütter binden ihre Kinder an sich, weil ihr Ego es braucht, dass man es braucht. Oder wir zeigen uns verbindlich, indem wir Kompromisse eingehen, die wiederum zum Selbstverrat führen.

Wer frei ist von jeglichen Verbindungen und Bindungen, der ist fähig, jedem und allem im Jetzt offen zu begegnen. Ein Zeichen dafür ist, wenn man nicht ständig an einen bestimmten Menschen denken muss, sondern immer nur dann, wenn »es/er« zur Sache passt. Kürzlich sagte ich zu einem guten Freund: »Ich denke fast nie an dich, du kommst mir wochenlang nicht in den Sinn!« Dieser fragte erstaunt: »Was, du denkst nie an mich?« »Nein«, antwortete ich, »aber wenn ich heute ein Fest veranstalten würde, wärst du einer der Ersten, an den ich denken würde!« Es hat 50 Jahre gedauert, bis ich zu dieser Erkenntnis gelangt bin. Vielleicht gelingt Ihnen dies früher, wenn Sie sich mit meiner Erkenntnis »verbinden«, nein: EINEN KÖNNEN, dann KÖNNEN Sie diese zu Ihrem Besten NUTZEN.

Ich bin mir sicher, dass Sie all die oben erwähnten Erfahrungen bereits zigfach gemacht haben. ENTBINDEN Sie sich nun von allen falschen Verpflichtungen und Vorstellungen. ENTBINDEN Sie sich, und GEWINNEN Sie wahre Handlungsfreiheit. Man wird dann nicht mit Ihnen zusammenbleiben, weil man Sie braucht, sondern weil ein starkes Band der Liebe Sie ZUSAMMENGEFÜGT hat.

ENTBINDEN ist das Machtwort, das einengende Verbindlichkeiten aufzudecken und dann aufzulösen vermag. ENTBINDEN stärkt die innere Haltung, die hinderlichen Bindungen zu lösen, um wahre Beziehungen leben zu können. Uns sind solange die Hände gebunden, bis wir unsere irrtümlichen Gedanken an Abhängigkeiten ERKENNEN und AUFLÖSEN.

Wer ENTBUNDEN ist, kann wahre Beziehungen eingehen und in diesen voll und ganz aufgehen!

ENTDECKEN / VERDECKEN

11x

»end«-decken	entdecken	entdecken
entdecken	entdecken	
entdecken	entdecken	
entdecken	entdecken	
entdecken	entdecken	
**	**	

»Ich ent-decke mich selbst im eigentlichen Sinn meiner Seele!«

Kommen Sie endlich aus Ihrem Versteck, und zeigen Sie sich SO, wie Sie in Wahrheit sind! Das ganze Leben ist eine »Selbst-entdeckungs-Reise«, während der wir herausfinden, wer wir in Wirklichkeit sind. Wir sind aufgefordert, den wahren Geist hinter allem zu ENTDECKEN, und wir schaffen uns dadurch freien Zugang zu allen Mysterien. Warten Sie nicht mehr länger vergeblich darauf, von anderen Menschen ENTDECKT zu werden, denn man wird Sie nur ENTDECKEN, wenn Sie selbst dazu bereit sind! ENTDECKEN ist das Machtwort, das bewirkt, dass man aus seiner Deckung herauskommen kann – und dass es keinen Grund mehr gibt, sich weiter zu verstecken.

VERDECKEN ist der Schalter, der hilft, etwas zuzudecken, z. B. eine Schwäche oder eine kurzzeitige Unsicherheit.

Müssen Sie eine Rede halten und Ihre Unsicherheit wächst, wenn Sie daran denken, was man alles von Ihnen erwartet, so könnten Sie diese mit dem Schalter VERDECKEN unsichtbar machen. Sie können aber auch einen Schönheitsfehler mit VERDECKEN in den Hintergrund stellen, so dass die vorhandene Schönheit mehr zur Geltung kommen kann. Probieren Sie einfach selbst, was Sie VERDECKEN und was Sie ENTDECKEN wollen.

»END«-DECKEN Sie, was Sie mit VERDECKEN zugedeckt haben.

Wahre Persönlichkeit ENTDECKEN!
Wunderkraft ENTDECKEN!
Liebesfähigkeit ENTDECKEN!
Unsicherheit VERDECKEN!

Franziska Krattinger

Ein Wort genügt!

... sich einfach umprogrammieren

Schalten Sie einfach um! – Manchmal genügt ein einziges Wort, um verborgene Haltungen ans Licht zu bringen oder Einstellungen zu ändern. Dabei gibt es spezielle Worte, die gleichsam eine magische Wirkung haben, da sie die Schlüssel zu unserem Unterbewusstsein sind: Schaltworte.

Schalten Sie einfach um! – und beobachten Sie die Veränderungen in Ihrem täglichen Leben, ohne dass Sie bewusst daran denken oder eine Vorstellung der Lösung haben müssen. Nutzen Sie die Kraft, eine Situation augenblicklich im besten und idealen Sinn zu verändern.

168 Seiten, Klappenbr.
ISBN 978-3-89845-152-9
€ [D] 10,90

Franziska Krattinger

Die Kraft der 144 Schalt- und Machtworte

Es ist schwer, eingefahrene Wege zu verlassen und wirklich etwas in seinem Leben zu verändern.

Die 144 wirkungsvollen Karten mit Schalt- und Machtworten helfen dabei, denn sie erwecken die uns innerwohnende positive Macht zur selbstbestimmten Veränderung von Situationen und Vorhaben. Eines dieser Worte genügt bereits, um einen unterbrochenen energetischen Fluss wieder zum Laufen zu bringen und so alles zum Besten zu lenken!

Schalten auch Sie einfach um – und beobachten Sie die positiven Veränderungen in Ihrem täglichen Leben. Sie haben WIRKLICH die Macht dazu!

144 Karten mit Kurzanleitung, inkl. Miniposter, in Box
EAN 4260075280-28-8
€ [D] 19,95

Franziska Krattinger

Pentagramm des Lebens

Das Leben verstehen – das Schicksal neu bestimmen

Die Pentagramm-Analyse nach F. Krattinger ist eine gänzlich neue Methode, um unsere wesentlichen Verhaltensweisen und deren Folgen für uns zu erkennen, die völlig ohne komplexe astrologische oder numerologische Berechnungen auskommt. Vielmehr handelt es sichhierbei um ein revolutionäres, auf dem Pentagramm basierendes Konzept, das dem Leser alles an die Hand gibt, was er wissen muss, um sein unbewusstes Programm umzuschreiben, die »schicksalhafte Fügung« aufzuknacken. Denn indem die Schattenwelt im Inneren durchdrungen wird, nehmen wir unser Schicksal endlich selbst in die Hand ...

528 Seiten, gebunden
ISBN 978-3-89845-075-1
€ [D] 29,90

Weitere Publikationen von Franziska Krattinger:

2012 Seelenpower
Die Zeitenwende als Chance

184 Seiten, Klappenbr.
ISBN 978-3-89845-289-2
€ [D] 12,90

Das Leben geht weiter ... und du?

192 Seiten, Klappenbr.
ISBN 978-3-89845-136-9
€ [D] 11,90

Erfolgsrezepte
Greife nach den Sternen, wenn du wachsen willst

160 Seiten, broschiert
ISBN 978-3-89845-054-6
€ [D] 9,90

Brenda Barnaby

Reichtum beginnt im Kopf
Praxisbuch zum Gesetz der Anziehung

Neue Strategien zur Erfolgsoptimierung!
Das universelle Gesetz der Anziehung ist ein uraltes Geheimnis, das den Meistern der esoterischen Traditionen und Mitgliedern von Geheimgesellschaften bekannt war. Viele Jahrhunderte lang war das Wissen um dieses machtvolle Gesetz und seine praktische Umsetzung daher nur wenigen Eingeweihten zugänglich. Abwechslungsreich und leicht verständlich führt Brenda Barnaby den Leser in die Geheimnisse ein, wie dieses Gesetz ohne große Mühe angewendet werden kann. Sie lernen, in Verbindung mit den Energien des Kosmos' zu treten und Ihre Probleme zu lösen. Das Gesetz der Anziehung wird Sie in einen Gewinner verwandeln.

208 Seiten, durchg. farbig,
Klappenbr.
ISBN 978-3-89845-305-9
€ [D] 16,90

Lena

Für Dich und Dein Herz
Geh Deinen Weg – Ein Kristallkind erzählt

Lena ist eine Autorin der besonderen Art: Als Kristallkind schreibt sie nicht mit dem überlegenen Verstand, sondern mit dem fühlenden Herzen ... Und hier ebnet sie Dir den Weg, damit auch Du Deinem Herzen folgen kannst.
Wenn Du Dein Herz als Deinen Lehrer, Deinen Wegweiser, als Deinen allerbesten Freund annimmst, wenn Du Dich traust und Dein Herz fragst, wird es Dir verraten, wie Du glücklich werden kannst.
Lena zeigt Dir, wie es klappt, mit Deinem Herzen Kontakt aufzunehmen, es zu fühlen, es zu hören und von ihm zu lernen.

128 Seiten, 2-fbg., broschiert
ISBN 978-3-89845-429-2
€ [D] 12,95

208 Seiten, mit 8 farbigen
Seiten, broschiert
ISBN 978-3-89845-237-3
€ [D] 14,90

Anne Givaudan & Dr. med. Antoine Achram

Gedankenformen und ihre Auswirkungen

Eines der revolutionärsten Bücher zum Thema Gedankenkraft! Die Autorin macht eindringlich klar, wie eine Gedankenform funktioniert, wie sie entsteht und wie sie wirkt, insbesondere aber, wie wir ihren Einfluss auf uns mindern können.

Gedankenformen können uns ersticken oder uns dynamisieren – sie erkennen und sich ihrer Rolle bewusst zu werden, das ist der erste Schritt zu einer wahren »Transformation«; diesen Schritt nun erleichtert dieses Buch mit seinen umfassenden und doch verständlichen Erläuterungen.

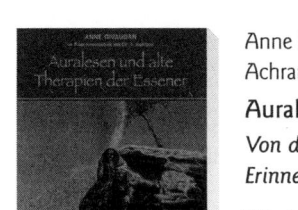

238 Seiten, broschiert
ISBN 978-3-89845-194-9
€ [D] 13,90

Anne Meurois-Givaudan & Dr. med. Antoine Achram

Auralesen und alte Therapien der Essener
Von der Autorin des Bestsellers »Essener Erinnerungen«

Wenige Bücher über das Thema Heilen gehen so weit wie dieses im Bezug auf das Verständnis von Krankheiten, denn hier werden diese als eine Reaktion auf feinstofflicher Ebene interpretiert und auch auf dieser behandelt – ein bemerkenswerter Ansatz zum Verständnis der energetischen Medizin. Eine interessante Einführung in eine vergessene Heiltechnik, die von der Autorin seit vielen Jahren mit großem Erfolg angewandt wird.

Ingeborg Bergner

Das Diamantkind
Jedes Kind ist eine große Seele

Dieses Buch ist eine Weghilfe, um das spirituelle Wesen der Kinder zu verstehen. Es nimmt Sie mit auf eine Reise in die inneren Welten und führt Sie zu Plätzen, die der Verstand nicht besuchen kann. Es ist ein Ort der Begegnung, wo der suchende Erwachsene auf kindliche Spiritualität trifft, die Sprache der Kinder verstehen lernt und ihr einzigartiges Wesen erkennt.

288 Seiten, broschiert
ISBN 978-3-89845-342-4
€ [D] 14,90

Als schillerndes Diamantfeuer beleuchten die neuen Kinder unsere Schattenseiten und zeigen uns, was es bedeutet, die Verstandeswelt mit ihren materiellen Wünschen und ihren Illusionen zu verlassen, um frei zu werden durch inneres Erwachen – Diamantkinder sind im wahrsten Sinne des Wortes die Toröffner für ein neues Zeitalter.

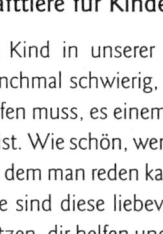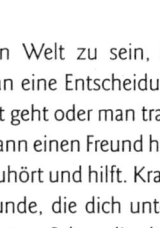

Scott Alexander King

Krafttiere für Kinder

Ein Kind in unserer modernen Welt zu sein, ist manchmal schwierig, wenn man eine Entscheidung treffen muss, es einem nicht gut geht oder man traurig ist. Wie schön, wenn man dann einen Freund hat, mit dem man reden kann, der zuhört und hilft. Krafttiere sind diese liebevollen Freunde, die dich unterstützen, dir helfen und dich beraten. Schon die alten Kulturen wussten, dass wir mit den Tieren kommunizieren und von ihnen lernen können. Auch du kannst mit den Tieren sprechen, und dieses wunderschön

45 runde, farbige Karten,
Ø 10 cm, mit Begleitbuch,
160 Seiten, broschiert, in Box
ISBN 978-3-89845-363-9
€ [D] 18,90

illustrierte Kartenset hilft dir dabei, die Botschaften der Tiere zu verstehen. Wann immer du den Krafttieren deine Sorgen und Ängste mitteilst, werden sie dir Antwort auf deine Fragen geben, dir Kraft und Vertrauen spenden und dich auf deinem Weg durch das Leben begleiten.

Transsurfing – Die Bücher zur Realitätssteuerung von Vadim Zeland

Transsurfing ist eine mächtige Technik zur Realitätssteuerung, mit der jeder die Möglichkeit hat, die Realität nach Belieben zu lenken. Vadim Zeland erläutert in den 6 Bänden dieser Reihe, dass die Realität nicht festgeschrieben ist. Jeder Mensch kann zu jeder Zeit aus einer Vielzahl möglicher Wege den für sich richtigen wählen, um sein Ziel zu erreichen. Er kann selbst entscheiden, welche Ereignisse in seinem Leben stattfinden werden und welche nicht.

Millionen von Lesern in aller Welt haben Vadim Zelands Bücher gelesen und die Prinzipien des Transsurfings in ihr Leben integriert – mit Erfolg.

Transsurfing
Die Realität ist steuerbar

232 Seiten, broschiert · € [D] 14,90
ISBN 978-3-89845-154-3

Transsurfing 2
Das Praxisbuch

ISBN 978-3-89845-201-4
240 Seiten, broschiert · € [D] 14,90

Transsurfing 3
Vorwärts in die Vergangenheit

ISBN 978-3-89845-253-3
240 Seiten, broschiert · € [D] 14,90

Transsurfing 4
Die zwei Gesichter der Realität

192 Seiten, broschiert · € [D] 14,90
ISBN 978-3-89845-285-4

Transsurfing 5
Die Realität auf den Kopf gestellt

192 Seiten, broschiert · € [D] 14,90
ISBN 978-3-89845-324-0

Transsurfing in 78 Tagen
Die Kunst der Realitätssteuerung

216 Seiten, broschiert · € [D] 14,90
ISBN 978-3-89845-377-6

Weiterführende Informationen zu
Büchern, Autoren und den Aktivitäten
des Silberschnur Verlages erhalten Sie unter:
www.silberschnur.de

Natürlich können Sie uns auch gerne den
Antwort-Coupon aus dem beiliegenden
Lesezeichenflyer zusenden.

Ihr Interesse wird belohnt!